兒童心理創傷後的遊戲治療：
實務工作者應該知道的事

Posttraumatic Play in Children: What Clinicians Need to Know

Eliana Gil ── 著

自然就好心理諮商所 ── 策畫

陳信昭 ── 總校閱

陳信昭、陳宏儒、陳碧玲 ── 譯

Posttraumatic Play in Children

What Clinicians Need to Know

Eliana Gil

目 次

1 PART
了解創傷後遊戲

2 PART
臨床案例說明

作者簡介

Eliana Gil

Eliana Gil 博士是吉兒創傷復原及教育機構（Gil Institute for Trauma Recovery and Education）的共同創辦人，這是位於美國維吉尼亞州菲爾費克斯的一間私人團體執業機構。Gil 博士也是星亮兒童與家庭遊戲治療訓練機構（Starbright Training Institute for Child and Family Play Therapy）的主任。她從 1973 年便開始從事兒童虐待預防及治療領域的工作。具有婚姻、家庭及兒童諮商師的證照，也是一位獲認可的婚姻及家庭治療督導，同時又是一位註冊的藝術治療師及遊戲治療督導，曾經擔任美國遊戲治療學會的理事長，亦曾獲得該學會頒發的終生成就獎。她的著作包括 *The Healing Power of Play*、*Helping Abused and Traumatized Children*、*Play in Family Therapy* 第二版，以及其他相關著作。她來自厄瓜多的瓜亞基爾，擁有雙語及雙文化能力。

總校閱者簡介

陳信昭

學歷｜台北醫學大學醫學系畢業

現職｜殷建智精神科診所主治醫師

台南市立醫院精神科兼任主治醫師

台灣心理劇學會導演及訓練師

《台灣心理劇學刊》編輯委員

美國團體心理治療與心理劇學會訓練師

國際哲卡・馬任諾心理劇訓練中心導演及訓練師

台南一區中等學校心理衛生諮詢服務中心顧問醫師

社團法人台灣心陽光協會理事長

自然就好心理諮商所創辦人

專長｜兒童青少年精神疾患之診斷與治療

心理劇實務、訓練及督導

心理諮商督導

沙盤／遊戲治療應用

譯者簡介

陳信昭（請見總校閱者簡介）

陳宏儒

學歷｜國立彰化師範大學輔導與諮商研究所碩士

現職｜文心診所特聘諮商心理師

　　　和春技術學院特聘諮商心理師

專長｜沙盤治療

　　　敘事諮商

　　　塔羅諮商

陳碧玲

學歷｜國立彰化師範大學輔導與諮商研究所碩士

現職｜自然就好心理諮商所總監

　　　國立台南大學諮商與輔導學系兼任講師

　　　國際沙遊治療學會認證治療師

專長｜沙遊治療

　　　遊戲治療

　　　兒童心理諮商

　　　中年婦女心理諮商

前　言

有關受創傷兒童的工作方面，近幾十年來已經有極大的進展（Ford & Courtois, 2013; Lanktree & Briere, 2017）。過去十五年來在神經科學方面的突破對實務工作者來說更是成果豐碩（Perry, 2001; Perry & Szalavitz, 2006; Perry & Dobson, 2013）。已經達到共識的是特別會遭受創傷影響的面向，具體來說就是依戀、情緒及行為調節、生物學、解離、認知運作功能，以及身分認同等領域。此外，美國國家兒童創傷壓力網絡（National Child Traumatic Stress Network, NCTSN; www.nctsn.org）指出創傷知情治療的幾個重要層面：(1)安全；(2)自我調節；(3)自我反映的訊息處理；(4)創傷經驗的整合；(5)關係健康；(6)促進正向情感。尚待解決的問題則是究竟哪些具體的介入可以提升治療目標並協助兒童的復原歷程。

不同的治療取向一直在競爭治療的正統性，特別是由於某些取向（像是遊戲治療）比其他取向更難標準化以及加以研究。只有很小比例的臨床機構有足夠的基金或學術設備來從事研究。幾種經過實證的治療方法有獲得推薦，特別是創傷焦點認知行為治療（trauma-focused cognitive-behavioral therapy, TFCBT; Cohen, Mannarino, & Deblinger, 2006）。但就像其他治療取向一樣，TFCBT 也不是對每一位個案都有效，尤其是對有表達性語言缺陷、幼小且有口語或認知限制，或是極度逃避的個案。專業上的共識是，暴露（exposure）技術是創傷知情治療的必要成分。然而，暴露技術對解

離就很難派上用場。再者，越來越多有關受創傷兒童的文獻報告認為，不論運用指導式或非指導式技術，在年幼兒童的評估及治療中必須融入遊戲、藝術或其他表達性治療方法。

我們固然確認有幾種證據本位的方法獲得實證支持其正向治療結果，不過還是有其他方法廣被使用，且有臨床上的效果，雖然尚未獲得實證支持。

我早期對創傷後遊戲的工作是聚焦在它的進展以及遊戲是否符合治療目標的一些變項上面。一旦創傷後遊戲無法提供兒童精熟並且降低焦慮，我認為它就會停滯並且很可能會造成問題——停滯的創傷後遊戲可能會讓兒童再度受創，讓他們變得更加惡化而非變好。我在 1998 年首先發表一系列的因素以作為臨床上的提醒（Gil, 1998）。身為一位對此議題提供數以千計的心理衛生專業人員教育課程的訓練者，我發現許多臨床工作者很想知道如何評估創傷後遊戲何時有幫助、何時沒幫助，以及如何在必要的時機點做介入。即使當遊戲無法提供紓解，它還是可以對兒童的創傷後壓力提供寶貴的評估訊息。

有些受創傷兒童並不符合 DSM-5 中創傷後壓力障礙症（posttraumatic stress disorder, PTSD）的完整診斷標準，如何對這些兒童下診斷一直是個挑戰。零到三歲的分類讓我們有機會用不同的眼光來看創傷後反應，也就是用更吻合兒童發展改變的方式來看。然而，研究已經顯示，大多數兒童有創傷後壓力的幾種症狀，同時最近的努力目標也放在設計出具發展敏感性的評估工具，尤其是對於那些極為年幼的兒童（Stover & Berkowitz, 2005）。

事實上，根據現今 PTSD 的診斷標準，我們可以總結認為兒童會出現獨特的重複遊戲，而這些遊戲表示正在重新經驗創傷。創傷後遊戲會清楚地呈現創傷事件的表面成分，而更重要的是可以提供一種由內在驅動的自

我修復機轉。對兒童期創傷所做的早期研究發現，創傷後遊戲通常是私下才會出現；然而，當兒童認為治療環境溫暖及友善，當有人願意對遊戲做接納性的見證工作，以及若臨床介入展現容許性，並且允許遊戲慢慢展開直到需要有更為指導性的介入，我認為兒童將會在臨床場所出現創傷後遊戲。

我確信身為臨床工作者的我們並不見得知道得更多。你可以盡可能獲得更多訊息，持續提升自己的專業能力，接下來就如 Carl Jung（1928）所說：「盡你所能學習理論，但是在碰觸活生生的靈魂的奇蹟時將它們放在一旁。要下決定的不是理論，而是你自己有創意的個別性本身。」（p. 361）幫助別人的這種特權附帶有很大的責任，必須不斷重新評估自己正在做的事情。我認為，我們固然對於自己所用的理論和取向會有某種程度的自信，我們也應該保持一種開放的心，準備接受我們一起工作的兒童所帶來的驚喜和啟發。他們最知道如何為自己的福祉做出貢獻，換句話說，兒童可以、也將會帶領我們。因此，臨床工作者應該跟隨他們的主導，除非真有必要用其他重要的方法來補充他們所正在做的事情。這就是《兒童心理創傷後的遊戲治療：實務工作者應該知道的事》這本書的核心。

我期許這本書能夠補充和進一步闡釋創傷後遊戲的一些描述、案例及實證性討論，也希望不管是對遊戲治療師或非遊戲治療師來說，這本書能夠成為有用的資源。

譯者序

我們最早運用玩具與遊戲接觸個案是約二十年前在台南師範學院（現台南大學）兒童諮商中心從事兒童諮商工作的時候，當時中心有一間大遊戲室擺放著各式各樣的玩具。個案們都很喜歡接觸玩具，有的還相當著迷，甚至時間到了還捨不得離開，而也因為有了玩具，我們與個案之間的關係似乎更容易建立。

1999 年底，信昭剛好有一筆經費可以用來更新他所任職的成大醫院兒童青少年精神科的兩間遊戲治療室，於是我們開始汰換那些被蹂躪多年的玩具，並且將兩個房間分別規劃成遊戲治療室和沙盤治療室。碧玲負責玩具和迷你物件的採購工作，時常看她大包小包拿著回家，細數著一天的戰果，臉上流露出天真的滿足。等到兩間治療室裝備得差不多的時候，裡面景觀煥然一新，兒童心理治療的環境與硬體獲得大大的改善。當精神科住院醫師輪到兒童精神科訓練的時候，即使對遊戲或沙盤治療並不熟悉，他們也願意開始投入和兒童個案的遊玩之中，並且驚訝於「遊戲」也能帶來如此好的效果。諮商與輔導研究所的研究生到兒童青少年精神科來實習時，這兩間遊戲室也正是最頻繁運用的空間。

2004 年成大醫院兒童青少年精神科門診遷移到醫院正對面的一棟整建後的四層樓房中的二樓，其中規劃出診間、測驗室、團體治療室、家庭治療室、遊戲治療室以及沙盤治療室，整體的兒童治療空間及設施大為完

善，提供給住院醫師、諮商與輔導研究所碩博士班研究生、行為醫學研究所碩博士班研究生更為完整且多樣化的學習場域。

2006 年信昭離開任職將近十六年的成大醫院，選擇到精神科診所服務，並且設立心理工作室從事心理諮商或治療實務、督導工作，以及心理劇團體。在從事心理治療實務及督導工作中，遊戲、沙盤及角色扮演都是經常運用到的方式。

碧玲在台南大學任教二十五年，最常教授的課程就是遊戲治療、沙遊治療，以及兒童青少年諮商輔導等方面的課程。近幾年來碧玲全心投入沙遊工作中，不但走過了自己的沙遊治療體驗，也參加了讀書會、個別督導、團體督導，還曾一年內二度前往美國加州參加各為期兩週的榮格取向沙遊治療工作坊，以及會後的個別督導。第二次到加州參加工作坊的時間距離我們家大兒子參加基測的時間只有一個多月，由此可知碧玲在學習沙遊治療方面的強烈決心。莫拉克颱風期間剛好是碧玲留職停薪一年的時候，她之前任教的台南大學輔諮系認輔了那瑪夏三民國中（災後借用普門中學校舍上課），在那半年期間，碧玲每週有兩個半天到三民國中從事受災學生的沙遊治療，她更特別去找到適合帶上車的迷你物件收集推車，時常看著她將沙盤、物件搬上搬下，載運到學校，做完之後再載回家，看起來實在忙碌，但碧玲似乎樂在其中。在受災學生的沙遊治療過程中，碧玲本身在專業上也獲益良多，同時家裡也多了許多關於象徵及神話的書籍，藉此加深了對於沙盤世界的理解。2011 年 8 月，碧玲和她的沙遊學習夥伴與她的老師一起在瑞士舉行的「世界沙遊治療學會 2011 年年會」中口頭報告了她們對受災兒童青少年的沙遊治療成果。為了這趟報告，信昭特地將家庭的年度旅遊安排到瑞士，於是全家四人提前兩週出發，以自助搭火車的方式遊覽了聖模里茲、策馬特、蒙投、茵特拉根、琉森、伯恩、蘇黎世等地，看見了號稱全世界最美麗國度令人讚嘆的美景，也是我們全家

人對碧玲超級用心學習沙遊治療以及努力從事沙遊實務工作的鼓勵及見證。經過多年努力，碧玲在 2018 年末終於取得國際沙遊治療學會認證的治療師資格，這成果真是得來不易，需要有極大的堅持和認真。

2010 年 5 月，信昭在台南創辦了「自然就好心理諮商所」，裡面設有個別治療室、婚姻與家庭治療室、心理劇團體室、遊戲治療室以及沙盤治療室。自然就好心理諮商所的個案以兒童及青少年為主，因此遊戲治療室便是最常用到的一間治療室，有時候個案較多的某些時段還會發生「搶」治療室的情況。於是，我們將沙盤治療室布置成遊戲與沙盤治療雙功能的房間，以便能夠滿足實際需要。經營一間心理諮商所沒有想像中簡單，還好參與其中的夥伴都彼此支持，再加上不是以賺錢為最大考量，十年來諮商所已經慢慢步上軌道，感謝所有曾經在諮商所付出的夥伴們。碧玲於 2014 年 2 月從大學教職退休之後加入自然就好諮商所一起努力，在遊戲治療及沙遊治療方面提供了更多元的服務。

隨著我們這些年來對遊戲治療以及沙遊或沙盤治療的熱衷及興趣，我們也翻譯了相關的書籍，前後出版了《策略取向遊戲治療》、《沙遊治療》、《遊戲治療新趨勢》、《孩子的第一本遊戲治療書》、《兒童遊戲治療案例研究》、《經驗取向遊戲治療》、《沙盤治療實務手冊》、《遊戲治療——建立關係的藝術》、《沙遊分析——沙遊類別檢核表之應用》、《親子遊戲治療》、《團體遊戲治療》、《親子遊戲治療手冊》、《遊戲治療必備技術》等書。上述每一本書在遊戲治療領域裡面各有不同層面的功用，期待能夠對這方面的專業人員提供多元的參考資料。到後來卻發現，收穫最大的其實是我們自己，因為在翻譯的過程中，讓我們體會到遊戲治療和沙遊治療的多元面貌，進而找到我們本身各自最適合的方法及取向。

2017 年在網路書店發現當時甫出版的此書原文版，買來閱讀之後發現這本書將創傷後遊戲寫得非常生動、詳實，絕對是兒童創傷工作者書架

上一定要有的必備書籍，因此決定將此書翻譯成中文供專業人員參考。在翻譯的過程中，感謝宏儒的協助，他參加過信昭在自然就好心理諮商所舉辦有關遊戲治療、沙盤治療及心理劇的工作坊，也在進修有關沙遊及催眠的相關知識和經驗，深知他在這方面的熱情與能力，很高興有機會和他一起完成這本重要的書籍。非常感謝心理出版社林敬堯總編輯以及林汝穎編輯的協助，方能使此書得以順利出版。

　　本書雖經多次校閱，疏漏尚且難免，還望各位先進不吝指正。

陳信昭、陳碧玲

2020 年 6 月

於台南自然就好心理諮商所

PART *1*

了解創傷後遊戲

Chapter 1

簡介兒童及青少年的創傷後遊戲

本書是為治療方面的專業人員而寫。目的很簡單：傳達或強化有關創傷後遊戲（posttraumatic play）為何是兒童創傷復原過程中的必要元素這方面的臨床知識。本書並非將創傷後遊戲視為源於臨床工作者的方法，反而是將它視為來自兒童的創意產物——一種了不起的個人修復策略，並且是在無條件接納、耐心、謹慎觀察，以及有目的性且個別化裁量的回應脈絡之下才得以產生。

不過，關注焦點主要是放在如何確認兒童的創傷後遊戲，比較少放在治療情境下創傷後遊戲的出現及促進方面很重要的臨床議題。因此，我在本書的焦點將會著重在探索臨床工作者如何能夠更加了解創傷後遊戲，並且提供有根據且負責任的介入以促進正向的治療結果。

本書主要聚焦在第二類創傷，也就是那些複雜的創傷案例，對兒童有著長期又紛擾的壓力效應。其中包括多重虐待類型以及多重加害者。針對第一類創傷（諸如颶風、恐怖攻擊及地震）的衝擊，以及第一類創傷的某些兒童案例，本書也會提到一些初期的研究。

我視創傷後遊戲為臨床工作者必須加以辨識且促進的一種遊戲類型，但是它還可以更精確地被歸類為兒童復原力的一種形式——處理創傷記憶的一種努力過程，因此它當然是創傷相關治療的一個階段。達成精熟程度的動態性創傷後遊戲會大大促進復原過程，但是它並非唯一的答案。它反而是出現在一個更大治療圖像的脈絡中，而在此脈絡當中，其他議題包括

依戀（attachment）、自我調節、認知和知覺轉換、自尊以及資源的確認也必須加以處理。

在那個更大的治療圖像中，創傷後遊戲可以被視為逐步暴露或系統性減敏感；這類行為治療法已被證實有助於個案克服畏懼症和其他的焦慮症。逐步暴露是讓個案逐漸暴露於他所害怕的情境，這種暴露法可以減少對害怕情境的強烈情緒，進而慢慢降到焦慮減緩而個案自覺更能掌控的地步。

🌐 遊戲的益處

要能充分了解創傷後遊戲的價值和益處，就要以整體的角度來考量遊戲的益處。從二十世紀早期，兒童治療就已經運用遊戲來幫助兒童表達以及理解他們的自身經驗（Bratton, Ray, Rhine, & Jones, 2005）。Schaefer 和 Drewes（2010）留意到遊戲的幾種療效因子可以讓兒童有機會獲得自我表達、觸及潛意識、發洩（abreaction）、學習、壓力免疫、負向情緒的反制約、宣洩（catharsis）、正向情緒、關係促進以及其他方面。在他們之後出版的書中，Schaefer 和 Drewes（2013）擴充了他們的早期研究，討論支持遊戲治療中每個療效因子的實證證據、促進每個因子的技術，還有遊戲治療得以透過健康促進能力來幫助兒童成長及發展的道理。Marans、Mayes 和 Colonna（1993）提及遊戲可以幫助年幼兒童重新修通困難的經驗，並且讓他們的行動更可預測，行為也比較不會令人擔心。他們也主張遊戲可以讓兒童對他們的某些混亂經驗賦予不那麼負面的意義。著名的心理學家艾瑞克森（Erik Erikson, 1902-1994）認為，將創傷經驗玩出來是兒童期所能提供最自然的自我療癒過程，而且兒童會在遊戲中重複讓他們印象很深刻的每一件事情（Erikson, 1950）。Erikson 觀察到，將創傷經驗玩出來時，兒童發洩了創傷的力量，同時也讓它變得可以控制，強烈程度也獲得

減輕。透過遊戲所提供的發洩經驗可以幫助這類兒童獲得掌握感。很清楚地，遊戲和治療有極大潛力可以幫助受創傷的兒童，主要是因為他們需要「各種表達方法和投射技術」，原因是他們通常不太能夠直接反映或口語陳述他們的想法和感受（Nader & Pynoos, 1991）。

章節預覽

　　我在本章的其餘篇幅中將會回顧創傷對兒童的效應，討論創傷後遊戲的本質與特點，然後回顧創傷後遊戲的一些臨床取向。第二章會更詳細介紹創傷後遊戲類型、出現的形式，以及它通常進行的階段。創傷後遊戲主要有兩種類型：當它是正向且有療效時，我稱之為「**動態性**創傷後遊戲」（dynamic posttraumatic play）；當它卡住，同時可能造成兒童再次受創時，我稱之為「**毒性**創傷後遊戲」（toxic posttraumatic play）。第三章描述如何評估創傷後遊戲、如何區分毒性與動態性遊戲，以及何時和如何介入毒性遊戲。第四章詳述創傷後遊戲如何在學校和醫院等自然情境或在治療室中呈現。第五章提供更大治療脈絡的綜觀，創傷後遊戲在此當中扮演關鍵角色。除了個別治療之外，治療可能還包括對家長的平行工作、聯合敘事分享、心理教育、依戀本位工作，以及團圓服務。第六章到第十三章提出創傷後遊戲的詳細臨床案例，其中包括經歷了第一類和第二類創傷的一些兒童。最後，第十四章呈現的案例說明了更大的治療脈絡，也就是與一位家長的平行工作以及聯合敘事分享，而這些必須在兒童的創傷後遊戲之後才得以進行。

創傷對兒童的影響

　　過去三十年以來，許多臨床工作者在受創傷兒童的復原之路上持續支持著他們，並且對和這群易受傷害族群一起工作的人員提供了必要的資訊

（Eth & Pynoos, 1984, 1985; Saywitz, Mannarino, Berliner, & Cohen, 2000）。我們看過許多兒童用他們獨特的表達性方法來回應創傷（如 Goodman & Fahnestock, 2002），也有很多相關的案例研究指出兒童如何回應災難（參見 Cohen, Chazan, Lerner, & Maimon, 2010; Thabet, Karim, & Vostanis, 2006; Saylor, Swenson, & Powell, 1992）。

　　Spencer Eth 和 Robert Pynoos（Eth & Pynoos, 1985）特別專注於研究創傷對兒童的影響，而且研究報告產量極多。他們主張兒童經驗及表達創傷壓力的方式與成人不相同，因此需要不同的回應方式（Pynoos & Nader, 1989, 1990, 1993; Pynoos, Nader, & March, 1991; Pynoos & Eth, 1985; Eth & Pynoos, 1984, 1985）。Eth 和 Pynoos 的先驅工作引發了思維上的改變，進而導致《精神疾病診斷與統計手冊》第三版修訂版（DSM-III-R）在創傷後壓力障礙症（PTSD）診斷準則中列出了專屬兒童的症狀，諸如「做惡夢，內容有關怪物、以超人般力量拯救他人，以及對自己或他人的威脅……經常在遊戲中重新經驗創傷但自己並未覺察……退化行為（遺屎、遺尿），以及身體抱怨（頭痛、肚子痛）」（Schaefer, 1994, p. 297）。

　　Stover 和 Berkowitz（2005）曾指出：「創傷後壓力現象影響許多發展過程……顯著人格改變……退化行為，以及對未來的態度產生明顯改變。」（p. 707）Kilpatrick 和 Williams（1998）提到：「經常發現的兒童 PTSD 症狀模式包括退化到較早的發展階段、類化到較不特定的怪物惡夢、重新演出創傷的創傷後遊戲、白日夢，以及難以專心並且合併學業低成就。」（p. 319）心理衛生專業人員普遍認為，兒童期的不利事件可能會讓他們在日後產生各式各樣的心理、社會及情緒問題。在此同時，研究也已發現受創傷兒童身上的中介因子，包括「兒童的年齡和性別、控制信念（locus of control）、因應風格（主動或掩飾）、有無自我責備、兒童對威脅的知覺，以及母親的情緒健康程度」（Gibbs, 1989; Kilpatrick & Williams,

1998, p. 320）。Marvasti（1994）提醒我們，不同文化在評估創傷的重要性以及決定適當調適機轉的視野不同，因此創傷的意義也會有所不同。我曾經和不同文化的個案工作，該文化中女人和孩子普遍受到邊緣化及虐待，而這些受害者通常會發展出一種「向前走，不要回頭」的態度，卻也讓他們調適得還不錯，因為虐待在他們的生活中是很正常的事情。有些母親因此支持她們的孩子遺忘然後繼續過日子，並且隨著生活慢慢減輕虐待的影響力。

　　Cohen 等人（2010）引用 Salmon 和 Bryant（2002）的研究認為，兒童特別容易受到重大壓力源的影響：「情緒調節、社會認知、訊息處理、語言及記憶等方面的不成熟，加總起來影響了兒童在面對創傷事件時可用的因應能力。這些不成熟特別衝擊到創傷記憶整合到兒童的自我基模。」（p. 161）

　　儘管在發現兒童的創傷後壓力徵兆方面有所進展，評估仍然深具挑戰性：「在評估兒童的複雜心理障礙時，由於兒童可能無法了解或說出他們的內在經驗，其困難度可想而知。」（Stover & Berkowitz, 2005, p. 714）值得一提的是，之前一直有人努力要在 DSM-5 當中引入一個更適當的診斷類別——發展性創傷障礙症——以便能夠更完整捕捉到兒童創傷的面貌，但此一努力並未成功，雖然許多創傷專家已經有大量的研究支持此一診斷之增添（van der Kolk, 2005）。

　　Lenore Terr 是美國舊金山的一位精神科醫師，她主張在兒童期「精神創傷會導致許多精神上的變化，最終可以解釋某些成人為何會出現性格問題、某些精神病態思考、嚴重暴力、解離、極端被動、自我傷害行為，以及各種焦慮症」（1991, p. 11）。Terr 對創傷提出一個完整定義：「我會定義兒童期創傷是一件突然的外在打擊或是一連串打擊，導致孩子暫時感到無助並破壞了過去平常使用的因應和防衛運作，最後所造成精神上的結

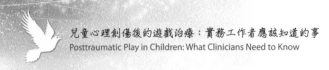

果。」（p. 11）

Terr 也區分出突然且未預料到的情況與那些所謂兒童的「長期且令人厭惡的預期」情況，不過她還是主張所有兒童期創傷都源自於外在。預料到現今對生物學的熱衷，Terr 預測：「兒童期創傷可能會伴隨有尚未完全了解的生理變化，並且是由外在事件所引發。」（1991, p. 11）隨著腦部顯影科技的進展，科學家和神經生物學家已經對創傷引發的腦部變化提供了許多資訊，而這些資訊足以帶動並引導臨床介入的方向（Levine & van der Kolk, 2014, 2015; Perry & Szalavitz, 2006; Perry, 2001）。Nader 和 Pynoos（1991）引用越來越多的證據指出：「當兒童的調適回應因創傷經驗而招架不住，特別是遭受虐待時，兒童的神經生物學改變就可能發生。」（p. 116）

Terr（1991）對兒童期創傷有獨鍾的興趣，她提到除了兒童期創傷較常見的特徵：「壓抑想法、睡眠問題、發展退化、害怕現實世界、嚴重逃避、恐慌、易怒及過度警覺」（p. 12）以外，其他特點也很多。她點明四個重要的其他特點：「強烈視覺化或重複知覺到某些記憶；重複行為；與創傷有關的害怕；以及改變對人們、生活和未來的態度。」（p. 12）其他研究者也指出兒童壓力反應的四種獨特類別（Fenichel, 1994）：重新經驗創傷事件（通常透過創傷後遊戲或惡夢和瞬間經驗再現）；反應麻木；覺醒度增加；以及創傷事件之前未出現的新症狀。Terr 最令人感興趣的說法是兒童（特別是五歲以下）不一定會有重複的創傷夢境——而重複的夢卻是她所認為的**創傷的標誌**。我經常很好奇創傷後遊戲是否無法扮演像是做夢的相同目的，也就是在恍惚狀態中觸及潛意識素材。創傷後遊戲通常有著「醒著像睡著」的特性，這樣的狀態可以讓影像、感官、感受和認知進到可以處理的表面。

Terr 描述了兩類型的兒童期創傷：第一類型，包括像是綁架、目睹謀

殺、被狗攻擊以及車禍；第二類型，較長期且通常涉及到人際層面。她在早期研究中很少提到第二類型創傷，有個例外是提到兩個受害者受到撒旦儀式的創傷，這裡面有人際層面。我認為受到第一類型和第二類型創傷的兒童所出現的創傷後遊戲可能會不同：第二類型的創傷後遊戲可能持續更久、對臨床詮釋較無反應，並且需要更長時間才能看到效果。Terr（引自 Schaefer, 1994）提到第一類型創傷「比較不會出現第二類型創傷經常出現的嚴重否認、精神麻木、解離、失自我感、暴怒或人格障礙症」（p. 298）。需要有更多區分第一類型和第二類型創傷的創傷後遊戲之比較性研究。

● 定義創傷後遊戲

Lenore Terr 最早使用「**創傷後遊戲**」這個詞，並且提供現今我們了解創傷後遊戲的類型和特徵的基本資料。她研究了來自兩類創傷事件 26 位兒童的遊戲行為。根據她的臨床觀察，她發現有一種獨特的遊戲，並稱之為「**創傷後遊戲**」。有關創傷對兒童發展的衝擊，Terr 做了許多影響深遠的精確研究，且始終對創傷後的兒童遊戲抱持長期而一貫的興趣（Terr, 1981, 1991），包括根據一群在加州喬奇拉（Chowchilla）被綁架的兒童所做的縱貫性研究所記錄的創傷後遊戲特徵（Terr, 1992）。她發現創傷後遊戲不像兒童的其他遊戲，它呈現重複、僵化、直白（literal）、缺少樂趣的特點，更重要的是，它無法製造出一般兒童在遊戲時會出現的益處，諸如減少焦慮。她的研究裡最明顯的就是遊戲出現被驅使和無感情的特性。

Terr 的研究中樣本數相當少（總樣本數 26 人），而且研究的是兒童遭受災難創傷後玩出他們所遭遇的經驗。這個研究促發後來想要確認 Terr 研究結果的進一步後續研究。舉例來說，Findling、Bratton 和 Henson（2006）的研究結果支持「受創傷兒童的遊戲行為與無創傷受害史兒童的

遊戲行為有差異，而且這些差異符合 Terr 對創傷後遊戲的建構」（p. 26）。各方的專業正致力於設計或改善工具以利評估創傷經驗以及對兒童的影響，包括 PTSD 症狀的出現（Stover & Berkowitz, 2005）。總括來說，在對受創兒童工作時，兒童的遊戲必須被納入考量並保持持續的關注（Stover & Berkowitz, p. 707）。

Terr 所發現創傷後遊戲的特徵

Terr 發現，相對於一般的遊戲，創傷後遊戲缺乏遊戲時該有的樂趣，而且也無法減輕兒童的焦慮。她進一步透過列出以下十一項特徵來定義創傷後遊戲（Terr 在 1981 年的文章有更詳細說明）：

1. **強迫性的重複遊戲**，而且 Terr（1981）認為它不會停止，除非兒童「被父母或老師告知必須停止，或是直到他們對遊戲與原本的精神創傷之間的連結達到一種情緒上的理解」（p. 744）。在討論兒童創傷的治療時，Terr 通常將她的引導只限定在利用精神分析式的詮釋來連結遊戲和真實事件。她強烈認為詮釋可以讓兒童最終達到緩解焦慮所需要的領悟，而就是這樣的焦慮驅動出上述遊戲。

2. **遊戲與創傷的潛意識連結**。Terr 認為最重要的臨床工作是提供治療性的詮釋，而且在她所描述的一些案例中，這樣的工作有著正面且立即的效果。必須一提的是，Terr 認為在臨床情境裡多數兒童並不會出現創傷後遊戲（與我自己的經驗相當不同）。

3. **遊戲直白**。Terr 描述創傷後遊戲比一般遊戲「較少細節」，然後就開始談論遊戲中的簡單防衛。

4. **遊戲無法舒緩焦慮**。Terr 相當關注這個特殊因素。她在與兒童工

作之前取得焦慮報告，並認為一旦給予詮釋，這類遊戲就會停止。在我所處理的一些第二類型創傷案例中，兒童似乎只有在治療關係中建立起安全感之後才會出現創傷後遊戲。可能是臨床工作者提供了無條件接納的見證，才讓兒童逐漸有能力忍受在臨床情境下遊戲的開展。我過去也有一些關於詮釋的不同經驗，就是經常發現兒童很抗拒被告知他們所想或所感，或是讓真實事件被從假扮遊戲中比較有距離的角色中帶出來。

5. **年齡範圍很廣。** Terr 指出「遊戲者」的範圍很廣，同時提到創傷後遊戲「比一般的遊戲有更廣的年齡範圍」（p. 748）。

6. **創傷後距離遊戲出現的時間不定。** Terr 提到創傷後遊戲出現的時間不定，可能在創傷後立即出現或延遲數月之後。

7. **遊戲能夠引入非受創兒童。** Terr 也觀察到這種焦慮遊戲可能會「引入」非受創兒童。這個現象相當合理，因為兒童通常想要其他人加入他們的遊戲當中。在我的經驗中，許多受創兒童不跟臨床工作者一起遊戲，其遊戲行為與多數未受創兒童不同，後者通常喜歡與其他人互動以及做角色扮演。

8. **傳染特性。** Terr 也記載這類遊戲的傳染特性，也就是很容易影響到別人。

9. **某些創傷後遊戲會變得危險。** 遊戲涉及到創傷的行為重演，可能置兒童或其他人於危險當中。因此，臨床工作者最好要評估遊戲的類型及程度範圍，以及假如它會在臨床情境以外出現的話，跟誰在一起或是在哪裡會出現。

10. **使用塗鴉、談話和聽覺上的重複當作重複遊戲的方式。**

11. **追溯創傷後遊戲到一個更早創傷的可能性。**

　　Terr 強調創傷後遊戲與一般遊戲不同，因為一般遊戲「帶著一種『療癒』，有機會可以完全認同某一位出於善意的侵略者（父母、醫生或老師），或是有機會可以扭轉局面，打娃娃一頓或給弟妹一槍。沒有人真正受傷，但得到了發洩，而且在經過某些遊戲片段之後，兒童得以減輕焦慮」（p. 755）。她提到當兒童試圖利用創傷後遊戲來舒緩焦慮，往往無法如其所願。再者，兒童不能認同那些傷害他們的人或是對他們有威脅的人。在喬奇拉校車綁架事件中，她提到沒有一位孩子能夠扮演「傑克」的角色，也就是那個綁架他們的貨車司機；他們不能認同他的殘忍程度。因此，完全的「假裝認同」（pretend identification）不可能出現；有的是「無法出現距離感」（failure of distancing）（p. 756）。Terr 的基本主張是兒童認為（他們過去所依賴的）遊戲活動可以幫助他們處理他們的潛藏議題，但是一旦創傷發生，遊戲並無法提供他們所尋求的舒緩。

　　我對焦慮舒緩這個主題的觀點與 Terr 不同，因為如前所述，我的經驗大多來自臨床情境。我的主要取向一直是整合式，讓兒童中心遊戲（child-centered play）自然開展，這樣我就可以評估是否遊戲的重複性最終容許我引入新的治療元素。某些新而不同的東西可能會出現，焦慮舒緩就得以出現。我的想法是一開始創傷後遊戲會相當侷限，但隨著時間經過會演變成更多的自由遊戲，並透過各種表達形式帶來更多的冒險行為，最終導致身體、感官、創意或表達性的釋放（這些不同還會在之後章節討論）。

　　我對創傷後遊戲的觀點大多吻合 Schaefer 的看法，認為遊戲一般來說有許多「療癒因素」。在這些因素當中有一項是發洩工作，這可透過重複而獲得促進，並且「似乎弱化了與創傷有關的負向情緒，同時強化了兒童在事件中的掌握感」（Schaefer, 1994, p. 301）。我稱這種有療效的遊戲為「動態性創傷後遊戲」。Schaefer 另外也引用了「重複創傷遊戲」

（retraumatizing play），我稱為「毒性創傷後遊戲」，這類型的遊戲需要更直接的介入，才能出現正向結果。Schaefer 描述：「一旦兒童(1)覺得可以控制遊戲的結果；(2)對遊戲玩出滿意的結局；(3)覺得可以自由表達和釋放負向情緒；(4)對事件出現認知再評估（cognitive reappraisal）；兒童在創傷後遊戲中就有更多機會達到掌握感。」（p. 308）我的臨床觀點和經驗完全吻合上述描述：遊戲對受創傷兒童具有顯著的療癒成分！Stover 和 Berkowitz（2005）用淺白的文字提到遊戲對受創傷兒童的價值：「簡單來說，兒童的年齡越小，他們就越不能理解可能帶來創傷的事件，也越不能適當陳述他們的情緒與事件之間的關聯。」（p. 708）

創傷後遊戲的臨床取向

佛洛伊德在其早期作品中最先討論到強迫性重複（compulsive repetition）這個概念；他認為重複性可能表示衝突的存在，但深埋在個案的潛意識心智下，因而無法被適當化解。然而，他相信遊戲中的每一次重複會弱化與創傷有關的負向情緒，因而讓兒童感覺到自己有更多的控制感，也比較不會招架不住（Freud, 1914/1958）。這個概念啟發了幾種治療取向，包括釋放治療（Levy, 1938）、主動遊戲治療（Solomon, 1938），以及掌握遊戲治療（mastery play therapy）。Schaefer（1994）在討論掌握遊戲治療時做了結論：「在精神創傷的遊戲治療中，兒童治療師正在結合發洩、認知再評估、支持關係，以及危機介入等原則。」（p. 308）

Shelby 和 Felix（2005）針對創傷後的遊戲治療寫了一篇重要的文章，其中回顧對受創傷兒童運用指導式和非指導式取向的優點及缺點。他們提到：「一般來說，文獻支持運用指導式、以創傷為焦點的治療，比非指導式、支持導向的治療更能降低多數兒童的創傷症狀。」唯一例外的一篇研究發現在治療有性行為問題的兒童方面，兩類方法的治療結果沒有顯著差

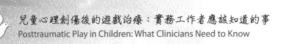

異（p. 82）。然而，受創傷兒童經常有明顯的逃避問題，會抗拒許多指導式方法。因此，Shelby 和 Felix（2005）指出，非指導式工作有許多「直覺優勢」，讓人感覺比較「溫和」，也比較能滿足兒童個案。他們也主張兩種取向可能都有幫助，但結合這兩種取向可以讓臨床工作者對尋求幫助的特定兒童量身打造治療介入。Dripchak（2007）描述艾瑞克森取向用於創傷後遊戲，這方法「使用指導式和非指導式兩類策略」，而且「不需要領悟或詮釋也能改變」（p. 127）。她繼續指出：「它的焦點放在兒童目前的知覺，以及未來的接納和解決。」同時運用兒童的潛能和資源。

　　Shelby 和 Felix 提出一種實證取向的治療架構，稱之為「創傷後遊戲治療」；他們的治療法擴展了傳統的實務，結合了包括認知行為取向、支持性及心理動力取向心理治療。這個方法的基本成分是父母參與、對發展有敏感度的介入以及特定的技術。Shelby 和 Felix 對創傷治療師提供了一套實務指引。他們工作中特別有用的部分，就是常見創傷症狀的一份清單以及提供根據實證研究得來對特定問題最有幫助的介入。Lanktree 和 Briere（2017）在他們所出版有關兒童工作的書中推薦了這個創新方法。

　　Shelby 描述了一種很有力的技術，她曾經運用在 56 位安德魯颶風（屬第一類型創傷）年幼的創傷倖存者（1999）。這個技術叫做**體驗式掌握**（experiential mastery; Shelby, 1997），並且吻合掌握遊戲治療的理論。Schaefer（1994, p. 315）討論了這個遊戲治療類型，提到：「掌握遊戲治療取向相當完整，運用了諸如危機介入、發洩、情緒表達、暴露技術、認知再評估以及社會支持。」這些因素都是當代兒童創傷工作最常見的治療方案。

　　Shelby 的體驗式掌握技術可以促進危機介入、發洩及情緒表達。它被認為是一種暴露技術，也很可能是受到原本 Pynoos 和 Eth（1986）描述的藝術晤談所影響。Shelby 要求兒童畫出最讓他們害怕的圖畫，並且表達出

對這些繪畫的感覺，然後指導他們對圖畫做出任何他們想做的事情。在這個方式中，兒童被要求去外化他們的感受、表達他們的情緒，並且採取某種可以強化他們掌握感的行動。有趣的是，有幾種藝術聚焦的創傷介入目前正廣為流行（Chapman, 2014a; Malchiodi, 2012; Tinnin & Gantt, 2013）。神經科學大大擴展了治療師在評估及治療兒童創傷時，如何看待藝術及其他表達性治療的方式（Malchiodi, 2003）。

最後，Shelby 和 Felix（2005）提醒臨床工作者，任何與受創傷兒童的治療方法有關的推薦都是「根據相當不完整且尚在演進的知識基礎」（p. 98）。他們總結認為：「創傷治療的發展者必須很謙卑地理解到我們最寶貴的老師就是我們的個案。」（p. 98）

我的治療取向是創傷焦點整合式遊戲治療（trauma-focused integrated play therapy, TFIPT; Gil, 2012），這是一種整合式的治療；Shelby 和 Felix（2005）認為它是一種「掌握治療」，而 Saunders、Berliner 和 Hanson（2003）則認為是一種「有前景的實務」。它受到 Judith Herman 及其創傷復原三階段很大的影響。TFIPT 模式運用兒童中心遊戲治療作為對所有個案的起始方法，這樣可以讓兒童獲得某些修復，方法是透過：(1)在治療中跟隨他們的步調；(2)提供治療關係作為他們遊戲工作的背景；(3)促進、看重、鼓勵或幫助兒童處理創傷後遊戲。在 TFIPT 模式中，整合被高度看重，因此是否運用指導式或非指導式策略是一個必須討論的議題，而其決定則要考慮到兒童的接受性、學習風格、防衛策略、自我步調，以及臨床判斷。一開始的主題由兒童設定，只有在它未能滿足其正向意圖時才會做改變。TFIPT 所仰賴的是實證及實務方法學，在這個取向中，創傷後遊戲被高度看成是受創傷兒童改變的媒介之一。

結語

　　創傷後遊戲可以被視為許多受創傷兒童展現的一種自然修復策略。這種遊戲類型模擬了逐步暴露法的行為介入。在創傷後遊戲中，兒童透過象徵、隱喻、故事或遊戲來外化痛苦或令人害怕的想法及感受。有時候直接的物體提供兒童可以分享其經驗的管道；其他時候兒童則利用象徵遊戲來保持足夠的安全距離，以便玩出他們的擔心。創傷後遊戲顯然是兒童整體復原過程中很關鍵的特點，它通常出現在一種寬容和安全治療環境的脈絡當中。

　　被父母、照顧者及其他原本可信任的人虐待的那些兒童心中會有更大的掙扎，因為他們是被他們所依賴和所愛的人虐待。我的臨床經驗告訴我，若是兒童經驗到複雜的創傷——多重虐待者、混亂的家庭、長期虐待，這些全都會影響兒童的常態發展，兒童也必須努力克服相當多樣性的議題。複雜創傷的治療需要兒童能夠且願意信任治療師和治療歷程，能夠接受一種無條件的接納見證，並且能夠觸及自然的修復資源，也就是所謂的創傷後遊戲。

　　下一章會更深入探索創傷後遊戲的特徵，包括它的正向和負向層面、它的形式，以及它通常進行的階段。

chapter 2

創傷後遊戲的類型、形式與階段

瑪莉亞・費南達五歲的時候，她的叔叔喪生於一起七級地震。她從遠處看著他身陷於礫石、木頭和電線中，最後消失不見。當她叔叔被埋時，瑪莉亞轉過頭去不看。之後她哭了好幾個月，一直問叔叔在哪裡，他還會不會回來。她的母親告訴她，叔叔現在葬在公墓裡了，還帶她去獻花給他。她母親告訴我，瑪莉亞會在地上挖些小洞，把一星期裡蒐集到的死昆蟲埋起來。每個星期四下午（很湊巧，那是地震發生的日子），她都會在地上挖些小洞，把死昆蟲埋起來，並在這些墳墓邊祈禱。到最後，她把還活著的昆蟲放到洞裡，專注地看著牠們爬出來。她一直重複這個遊戲到不玩為止。她媽媽說，雖然極熱的天氣還是會讓她覺得恐懼，但瑪莉亞逐漸恢復到之前開朗的狀態。

瑪莉亞的母親沒有打斷或禁止自己女兒的這種行為。她直覺地知道，對她女兒而言，這類的遊戲有某種目的。對瑪莉亞而言，她所進行的遊戲（以及所花的這段時間）可能很有幫助，使她能夠回到地震之前所擁有——並視之為理所當然的——安全感。但並不是所有兒童都能以這種方式去消除自己的創傷，而且在經歷過一起突然的意外災難所帶來的創傷（第一類創傷）之後，很多兒童並不喜歡憂心的父母努力為讓孩童重獲安全感而提供的所謂最佳照顧。

瑪莉亞的母親似乎能夠看出女兒這種創傷後遊戲有修復的特質，可是許多家長有可能極度低估這些創傷事件的影響或甚至忽略它。有些家長發

現孩子在受創傷之後出現這種非常規遊戲的情形時，感到非常擔心。他們可能會想辦法阻止或不允許孩子進行創傷後遊戲，寧願他們「忘記」這些負面或難以接受的事件，繼續日常的生活。這類家長常常抱著這種希望——如果孩子忘記這些創傷事件，那麼焦慮或恐懼這類負面的情緒也會不見。因此，必須要教育父母和專業人士認識自發性創傷後遊戲的可取性和潛在益處，以及這些遊戲可能無法產生正面結果時所產生的警告訊號和危險。

在其他地方，這兩類創傷後遊戲一直簡單地被稱為正面和負面的遊戲。正面的遊戲使孩童能「修正創傷的負面成分」，而負面的遊戲則顯示「重複性的遊戲無法成功地減緩焦慮，亦無法幫助兒童化解或接受創傷事件」（Marvasti, 1994, p. 126）。我稱第一類為**動態性**創傷後遊戲，第二類為**毒性**創傷後遊戲，以強調它們之間的差異以及持續觀察遊戲演化過程中所有面向的必要性。這些特質將引導治療師做出臨床決定，是否允許兒童繼續進行自己的創傷後遊戲，還是必須主動介入。

動態性創傷後遊戲：正向層面

動態性創傷後遊戲的目的是要讓兒童將他們的記憶外化，並從一種被動的狀態進到一種主動的狀態，在這種主動狀態裡，他們自己決定要記得哪一個時刻和什麼事。有創傷史的兒童往往會使用防衛性的策略，像是否定、壓抑（suppression）或潛抑（repression）。這種將痛苦分割成多個部分的防衛機制使兒童免於立即的痛苦，可是卻帶來長期的後果。創傷記憶若未能獲得化解，兒童會有很大機會做出行動外化（act out）或發展出症狀行為，而不是適應性行為。他們的自尊心會受損，人際關係會一直很複雜且得不到回報，而且他們的行為不是被視為外化（反抗、誘發出拒絕或懲罰回應），就是被視為內化（憂鬱、悲傷、疏離、退縮或倦怠）。處理創

傷是非常必要的，而且兒童有他們自己特別的方式去獲得化解和學習更多適應性的應付策略。藉由給予兒童暴露的機會（表達式釋放），動態性創傷後遊戲能減少創傷的強度。治療結果顯示，他們已得到幫助，也接受幫助，並且可能更有能力處理其他狀況，因為他們已克服了逃避的態度。Cohen 等人（2010）引用 Marans、Mayes 和 Colonna（1993）的話並說明一件重要的事：「遊戲活動以各種不同的方式運作，以幫助幼童重新處理不愉快的經驗，獲得自我效能（sefl-efficacy），減少過度激惹，使負面經驗更可預測，並從這些使人無法招架的混亂中重新創造意義。」（p. 162）

　　創傷後遊戲是動態性的時候，治療會有進展，而且兒童會改善自己的能力，使人際關係能夠成功，改善自己的意願去接觸最親近的人，並且提升自我安撫和自我調節的能力；因此，他們重新獲得自信和勝任感。創傷後遊戲往治療的目標前進，而且可幫助兒童做好接受額外服務的準備，比如團體和家庭治療，或是接受特定的技巧，例如創傷焦點認知行為治療（trauma-focused cognitive-behavioral therapy, TFCBT）、眼動減敏與歷程更新療法（eye movement desensitization and reprocessing, EMDR），或利用馬術輔助治療（equine-assisted therapy）。對於剛開始抗拒直接治療或因為過於失調而無法接受認知治療的兒童而言，這類方法可能會更易於接受。Bruce Perry 一直主張針對大腦不同部位的連續性治療，並認為所有的治療方法都各有其優點，但進行這些治療的時間點以及它們改變大腦模式的焦點應該是最優先的考量（Perry & Dobson, 2013）。我相信兒童有大量的機會去進行自我安撫、挑戰自己的防衛機制，並經由先參與兒童中心遊戲治療而後能在關係內去探索信任的本質，使得透過自發性暴露技巧來管理創傷的創傷後遊戲能夠出現。

　　當創傷後遊戲是動態性的時候，臨床技巧不是最關鍵的因素，更為關鍵的因素是治療師本身要成為提供安全和信任的對象。臨床工作者越能夠

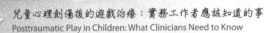

成為值得信任的對象並在情緒上能成為穩定治療關係的錨，就越好。對於兒童在這樣情境下能夠達到的成就，我抱持極樂觀的態度，但同時也謹慎提出這個警告——對兒童而言，創傷後遊戲可能會變得危險並需要經常的監控。

　　創傷後遊戲的目的在於恢復個人力量和控制，此兩者通常都在創傷經驗中被削弱了。前面描述過，瑪莉亞對災難性地震的回應顯示出，動態性創傷後遊戲（尤其加上有一位支持、同理的家長的情況下）可能最好的結果是讓孩童對於掌控自己有新的經驗。在評估孩童身上的創傷影響類型和程度時，臨床工作者能從受創傷者本人以及他們所承受的創傷使之衰弱的無助程度中獲得最多資訊。關鍵的因素似乎是，此事件是否淹沒了個人，奪走了他的因應能力，使這個人感到無助、無望、不信任人，或充滿了強烈的恐懼感，而且有時候還有情緒上（和生理上）的癱瘓。在經驗到極度恐懼和激惹（arousal）時，腦部釋出腎上腺素和可體松，導致患者在力量和移動性上有實體的改變。個體會經驗到在呼吸、脈搏速度、身體反應和情緒狀態上有立即且激烈的改變。有些經歷過創傷的人發現，他們不是無法動彈什麼也不能做，就是被迫做出一些舉動，比如快速跑很長的距離，或舉起沉重的物體，或推動沉重且巨大的障礙物。目前仍不清楚是什麼變數影響個人是否會以戰鬥、逃避或無法動彈的方式做出回應。就如同防衛性策略可以由生理所驅動，而且比較不是有意識去選擇的做法，受創傷個人處理自己創傷經驗的方式既多變又無法預測。

　　我一直感到納悶，為什麼有些孩童能毫無問題地進入並利用創傷後遊戲，而有些孩子卻不能。這個問題就好比，為何在壓力下的兒童有些發展出內化行為，有些卻發展出外化行為——儘管父母示範、基因、脾氣和人格、之前的壓力源以及性別，都可能會影響孩子的症狀、防衛機制和應對策略。

毒性創傷後遊戲：負向層面

Terr（1991）在她對加州喬奇拉被綁架的兒童進行縱貫性研究時，對兒童的創傷後遊戲感到非常著迷。除了謹慎指出描述於第一章遊戲的特色之外，她也警告有一種會使人陷入再度創傷的遊戲：

當遊戲是由創傷所啟發時，它不容易停下來，而且可能經過一段時間都不會有多少改變。與兒童一般進行的遊戲相反，創傷後遊戲是強迫式地一直重複。這是令人擔憂的事。此外，為了進行遊戲，它需要一套特定的條件：特定的場地、特定類型的娃娃、特定的玩伴，或特定的規律。而且它可能會持續多年，重複著創傷的一些部分，偶爾可能包括一或兩種防衛策略，或微弱地嘗試著達到快樂的結局，但在減緩焦慮上，創傷後遊戲卻沒有什麼作為，而且還可能是件危險的事。問題是，創傷後遊戲可能製造比有意識開始此遊戲時更多的懼怕。即使這單調的遊戲真的能將一些懼怕驅散掉，它卻進行得如此緩慢，慢到可能要花不只一輩子的時間，才能將創傷所激起的焦慮完全驅散掉。（p. 239）

米奇：一個毒性創傷後遊戲的案例

我第一次見到米奇時，他七歲。他遭到一位路過的遊民性侵，而且這位遊民是他媽媽認識的人並替媽媽照顧他。米奇和他媽媽過去有四處為家的歷史，從一個州搬到另一個州。家庭服務部（department of family services, DFS）將這個家庭認定為高風險家庭，並將他們安置到一間旅館，直到能為他們找到一個更長久的家為止。一位社工人員最近開始評估這位母親的優勢和脆弱度，看她是否能接受具體的服務，使她能夠提供安

全且一致的照顧給自己的孩子。

　　米奇非常失調，有許多顯示出他的痛苦、嚴重恐懼和焦慮的症狀行為，他夜間很少能一覺睡到天亮，而且有夜驚和夢遊症，對同儕和成人有攻擊性。在學校裡，他沒辦法安靜坐著，一直從椅子上站起來又坐下來，在教室裡走來走去，而且有兩次還跑出校園外。為了能讓他安全度過一天，他需要毫不間斷且密集的監控。已經有兩間學校開除了他，因為他們覺得他對自己和別人都有危險。除了對別人做出的行為之外，米奇還會用自己的頭去撞牆；點個小火，把自己的手放到火焰上；而且洗很燙的熱水澡。他也針對母親做出許多負面的行為，打她、咬她、推她撞牆。他們之間的身材差異並不妨礙他對他媽媽做這些事的能力，而她似乎以被動且無助的方式回應他的攻擊。之後我們發現，他的媽媽曾經有過長期遭受家暴和童年早期遭受身體虐待和性侵的痛苦歷史，這一點並不讓人感到意外。

　　在治療的最初幾個月裡，米奇極度失調。他會把我推開，在我身上吐口水，大力用自己的頭去撞牆，而且力道大到牆上的畫都掉了下來，把他自己嚇了一跳──他通常沒有意識到自己行為的後果。他的行為使得我們的每一次治療單元裡，幾乎每十分鐘就要給他的行為設限。最後，我們協商出對我們兩人都行得通的一套後果：他一做出這種行為，就會得到一個警告，如果他不能節制自己，就再得一個警告。三個警告就表示這個治療單元要結束，那麼他就會被提早接回家。幸好，他有足夠的動機留在治療室裡：他喜歡我辦公室裡的一套丟飛鏢遊戲，他很喜歡丟這套 NERF 飛鏢。他也很喜歡玩拋接球的遊戲，可是當他一直這麼用力丟球，使得我接不到並把我弄痛時，我們不得不把美式足球換成一顆圓形的球。治療進行得很艱難；我一般使用的介入方法都行不通，而信任也難以建立。我不認為米奇真的有學會信任過我，雖然他最後的確學會相信這個事實──（無論他的行為多麼有創意）我不會在身體上、情感上或言語上對他造成傷

害,而且和他母親不同的是,我不會讓他弄傷我。在最初的兩、三個月
裡,每次要到候診室去找他時,我都必須屏住呼吸。他的失調狀態有可能
是低度、中度或重度,卻一直都存在。讓我感到最驚訝的是,他如何設立
自己是加害者還是受害者的情境。他總是想辦法「把我惹毛」,給我取各
種外號,吐口水,把玩具拆散並弄壞,或是把顏料、粉筆塗在我衣服上。
彷彿他一直在試探,看看我是否會像其他人一樣,帶著粗魯、攻擊性或輕
蔑的行為對他做出反應。

　　而我一直保持耐心。我得到特別會診的時間,而且每一次我都以溫暖
的態度接受他,期待每一次新的單元能變得不一樣,期望他會感到好一點
或比較不那麼暴躁。可是當我們到療程的中間點時,這些希望很快就破滅
了。所以我決定加長他的單元療程,好能給他多一點時間待在那個小窗口
裡面鬆一口氣並得到安頓。有一段時間,我還把他的治療時間增加到一星
期兩次(可是這違反他的直覺)以便給他一個能更自在地和我相處的機
會。剛開始時,我為了每星期多加一個單元付出了代價,但最後他變得有
一點點緩和了。現在看來,起初的那些單元已模糊不清,讓人幾乎覺得那
是一種正念(mindfulness)和完全接納的練習。與米奇相處是一件極具挑
戰的事,而且我必須花很大的力氣來抵抗才不會上他的鉤,被他牽著走。
最後,他越來越少抗議而越來越多參與。大約到第五個月的時候,那時候
剛好是夏天,我們又回到每週一次單元,而他對此感到相當高興。這時
候,他要求特定類型的玩具(超級英雄和壞蛋),而我也訂購這些玩具加
到我的迷你物件陣容裡。這是我記憶中有始以來第一次坐下來拿著 iPad
去訂購一位兒童案主要求(在非常特定的設限範圍內)的特定玩具。我現
在已不再記得這些玩偶角色的名字;只能說壞蛋們被定義得非常好,故事
精巧流暢,而且英雄們永不疲倦。米奇從來不碰觸沙盤裡的沙子;然而,
他要求把沙盤裡的沙子移走,只要一個空箱子,好讓他能在這箱子裡創作

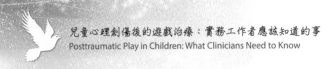

並敘說他的故事（稍後，他稱這個空沙箱為他的「工作空間」）。

　　米奇的創傷後遊戲很快地出現。他設定一個這樣的場景：一個小物件被至少二十個壞人毆打、用刀刺和「強暴」（他的用詞）。他還用士兵來幫助這些壞人對受害者造成更多傷害。毆打非常猛烈，他進到一種解離（dissociative）的狀態，而且似乎滿身大汗。當他用一個士兵的劍重重刺入受害者的屁股時，他經常撫摸自己，似乎在勃起。他總是會在這種遊戲當中走到洗手間去，我猜，走到洗手間是給他一個能暫時離開自己解離狀態的機會。他總是在遊戲過程中的同一處走到洗手間去──即在將武器插到受害者屁股多次之後。他從洗手間回來時，臉上總是帶著水珠，雙頰潮紅。他不願意提供關於自己遊戲的任何資訊，可是當我向他描述遊戲的順序時（單純地描述我所看到的行為），他把臉別開，不願與我互動。這個遊戲總是持續大約 25 分鐘，在這段時間內，他極度專注且不進行任何互動。當我向他的寄養媽媽詢問他過得如何時，她說，每當他治療回來時，就跟每一個人打架，他「簡直無藥可救且失控」。當她說米奇又退回到最初被安置時所展現的那些行為時，令我感到擔心。這和我看到他在治療時間裡極度專注於自己遊戲的表現不一樣，但他在家裡和學校的失調行為持續帶來問題。

　　這是一個創傷後遊戲有毒性而且沒有減輕個案創傷壓力的完美例子。這類創傷後遊戲事實上加重了其症狀並給人這樣的印象：因為其重複性和僵化性而卡住了。這類負面創傷後遊戲必須透過謹慎小心建構的引導性介入來阻止。我將在第四章討論適當介入毒性創傷後遊戲的方法，但就像讀者能從我上述的案例去進行評估一樣，這個遊戲並不符合它使人能恢復掌控力的原本目的，反而使兒童陷入再度創傷並「卡在」有問題的互動和行為裡。而在動態性創傷後遊戲中，雖然隨著遊戲變成極度重複而孩童的行為或情緒問題變得更嚴重，但最後，當遊戲進到修復的階段時，症狀會減

緩，孩子會漸趨穩定。在動態性創傷後遊戲裡，我順著孩子的引導，採取更多兒童中心的治療方式。當毒性創傷後遊戲發生時，我會接過主導權並提供所需的外在引導，以幫助這遊戲沿著一個比較有成效的方式前進。

如上所述，創傷後遊戲可能會變得沒有成效，使人受到再度創傷，並導致負面的結果，但我有見過在直接臨床介入的情況下這類遊戲有一些相當顯著的結果。第三章提供一些將動態性創傷後遊戲最佳化，以及預防或中斷毒性創傷後遊戲的一些具體構想。

● 創傷後遊戲的形式

Terr 強調，兒童能透過創傷後遊戲或透過行為演出（behavioral enactment）來表達自己的創傷。在以下段落，我將探討四種不同形式的創傷後遊戲和重演（reenactment）：(1)使用物件忠實重現一個特定的創傷；(2)掩飾創傷具體內容的象徵性創傷後遊戲；(3)由孩童獨自遊戲的創傷後行為重演；(4)嘗試將別人納入重演的創傷後行為重演。將別人納入人際間的複雜創傷（第二類型創傷）的重演裡，這種情況特別難處理，而且可能會對幼童個人帶來風險，因為他們的行為可能會被詮釋錯誤並貼上錯誤的標籤。以下將簡要介紹這些形式的創傷後遊戲。

麥克：忠實重現創傷的創傷後遊戲案例

五歲的麥克被嚴重疏忽（neglect）並偶爾有身體遭受虐待的情況。他的遊戲原原本本地描述了他在父母手中所遭受的多次創傷。從第一個單元進到房間的那一刻起，他便抓一個男性的小人偶、一個父親和一個母親人偶，以及一個嬰兒弟弟人偶。他手裡拿著這些玩具，對我說：「這是爹地，他不在這裡。這是媽咪，她累了。這是巴比，他是我的。」從那一刻

起，他精確地演示自己家裡發生的事。他會說：「冰箱空了，只剩下過期的牛奶」或「巴比在尿布裡便便了，可是沒有尿布了」，或「我媽媽在睡覺，她把所有的啤酒都喝光了」。麥克移動著他的玩偶並說故事，敘述「大哥哥」怎麼照顧「小弟弟」，哄他睡覺，弟弟哭個不停時哥哥到鄰居那裡去要些牛奶。當他這麼做時，所有他遭到忽視和虐待的各種殘酷面向都被生動地演示出來。（令人驚訝的是，麥克的一位鄰居有注意到兩個小孩單獨在家，並偶爾會過來看看他們，帶點食物過來，可是她從來沒有報警，理由是她不會把朋友「交給」警方。）在用玩具進行遊戲時，麥克常常會讓爸爸人偶回家並因為媽媽睡著了而「打她屁股」。有時候，在他的代償性故事裡，爸爸偶爾會帶他和巴比去公園。其他時候，他會去上學，會有朋友，這些朋友會邀請他去他們家裡吃晚餐。這些故事簡直讓人心碎，但很明顯的，麥克正在外化並接著面對他母親（和父親）的教養缺失證據，以及他對自己所處的混亂環境的反應和回應。隨著遊戲繼續進行和發展，麥克顯然在嘗試創造一些資源和可能性，並學著去表達自己的恐懼、願望和憂慮。在接受寄養兩年之後，麥克與他的弟弟和他們的父親重聚。在這段時間裡，專業社工人員盡他們的力量去教育孩童們的父親，幫助他找到房子、工作和托兒機構。最重要的是，麥克和巴比的父親似乎變成熟了，也能善加利用提供給他的服務。然而，他們的母親卻陷入更深的毒品和絕望的漩渦裡，因此她的親權被終止了，這件事對麥克造成了影響，但對巴比卻沒有任何影響，因為他根本不太記得她。當麥克的父親再婚時，這個專業社工團隊對於這位父親所做的選擇，以及他的新妻子對孩童們所投入的心力感到非常樂觀。

在麥克選擇他的家庭成員並給他們命名時，他最初稱自己為「這個大哥哥」。到最後，他鼓起勇氣並進到以第一人稱敘述自己所見到、所聽到、所想，和所感受的事。在他重複性的遊戲當中，他演示出自己有多

麼飢餓，自己怎麼替弟弟換尿布，怎麼搖弟弟來哄他睡覺。他也演示出自己的母親毫無教養的能力，而且她的失職是如此顯而易見。在警方的報告中，許多關於麥克受虐的事件是都是透過他忠實呈現這些事件的創傷後遊戲獲得的資訊，而且還出現新的事件。最重要的是，麥克的復原力、力量、勇氣和溫柔的照顧能力也同時出現。他常常說，他喜歡自己的「新媽媽和爸爸」，而且希望能「一直」和他們住在一起。和父親重聚的一開始，麥克的遊戲軟化了一位更有同理心和內外一致的父親。

象徵性創傷後遊戲的例子

十歲大的蘿西歐被媽媽的男朋友性侵了。這個性侵事件總是在媽媽去上班，只有他們兩人在家時發生。蘿西歐曾經求媽媽帶她一起去上班，可是媽媽總是一再把蘿西歐留在家裡和媽媽的男朋友單獨在一起。這位母親事後說，她沒有意識到有這種危險。蘿西歐告訴她的老師，媽媽去上班時她不喜歡獨自待在家裡，最後偷偷說出了原因。老師嚴肅看待蘿西歐揭露的這件事，立刻打電話給兒童保護機構（child protective services, CPS），這個機構馬上將蘿西歐安置在一個緊急寄養之家。CPS 將這件通報轉報給警方，於是警方對蘿西歐進行訪談並請求她協助一個利用電話誘捕犯人的計畫，蘿西歐同意了，雖然非常心驚膽顫。當她打電話回家跟媽媽的男朋友說，她放學後要待在一個朋友的家裡時，這個男人生氣了，並告訴她，他們兩人所擁有的特別時間是件很重要的事。蘿西歐被引導著跟對方說話，讓他承認對她所做的事；他一承認之後，便立刻被逮捕了。

蘿西歐有極度畏避和驚嚇的情形。她的母語是西班牙文，但不知為何，我說西班牙文卻使她感到更不自在。她很怕自己的媽媽，結果後來發現，她之所以這麼害怕的原因是，如果她跟別人說出這個她已經告訴過媽

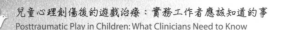

媽的「祕密遊戲」時，她必須付出代價。這是一個少見的案例，即媽媽知道發生了什麼事，卻認為工作比嘗試保護女兒更重要。之後這位媽媽告訴我，她整個童年都曾經遭受虐待，而且她就這麼一直「學著去忽視它」。這可能是這位母親已學會與這些經驗解離的粗略描述，並期待她的女兒也這麼做。

蘿西歐選擇了以下的玩具：一隻巨大的白熊，她叫它「莉莉媽咪」。有趣的是，她選的是一隻白色熊媽媽，玩鬧地躺在她背上。另外她選了一隻手裡拿著一個彩色積木的小棕熊來代表自己，和一隻張著爪準備降落抓捕獵物的大黑鳥。她還選了手裡拿著一個放大鏡的大型天使人偶。蘿西歐向我透露，這個天使是一位絕不會讓任何不好的事發生在小熊身上的祖母。

整個敘事與蘿西歐所選的象徵角色非常協調一致。她從來不將這些物件放到娃娃屋裡，而總是坐在地板上玩。而且她從來不把這玩具稱為她媽媽、她自己、她的祖母，或她媽媽的男朋友，但她談及他們的方式卻暗示出這些人的身分，而且讓人一目瞭然。媽媽總是不在她眼前，而是忙著玩耍或挑她的麻煩。那隻鳥一直在盤旋，準備好只要熊媽媽一不在就發動攻擊。天使在祈禱，而小熊則「想要自己一個人並且玩嬰兒遊戲」。最後蘿西歐在法庭上做證，罪犯被判有罪。媽媽的親權被終止了，蘿西歐被一個大家庭收養，有兩位姊妹和兩位兄弟。在這之後，她參與了給有受虐史孩童的團體治療，而且她也開放地參與，沒有任何保留。在那時候，她理解到，她媽媽太疏忽大意了，罪犯有病，而她自己不必為所發生的一切負責。透過自己的象徵性遊戲，而且在沒有我做出明確詮釋的情況下，她理解到這一切。她把那隻盤旋空中的巨鳥描述成「殘忍的」和「太飢餓了」。這時候，小熊會被天使帶走、藏起來。在其他時候，莉莉媽咪會拿著一把槍，邊大笑，邊射那隻鳥。而那隻鳥則不發一語地一直在空中盤

旋，但蘿西歐會製造各種聲音，鳥兒的嘎嘎聲、槍聲，以及在她背後的熊媽媽發出的嗚咽聲和咯咯笑聲。有一次，小熊嘗試幫熊媽媽站起來，但熊媽媽卻拒絕了，說她有別的事要做。因此，蘿西歐的遊戲持續不斷地重複著。在沒有使用任何名字或占有那些角色的情況下，她想辦法逐步消化自己無助、脆弱、恐懼和孤獨等經驗。當然，住在一個安全的環境對於形成她的安全感和越來越多的自信有很大幫助。隨著遊戲進展，蘿西歐也給自己的小熊找了一隻小鴨朋友，最後他們還一起去郊遊。她還把那隻可怕的鳥兒埋到沙子裡，說她「永遠不會再看到他！」這些改變反映出她正主動歡迎進到自己生活裡的那些新經驗。

蓋比：個人創傷後行為重演的例子

　　五歲大的蓋比被爸爸壓進浴缸裡，直到不能呼吸為止。他爸爸已重複這類的「教訓」好幾次。這位父親小時候就被自己的父親用這種可怕的教養「技巧」教他什麼是對，什麼是錯。有一次，在發生這樣的事時，蓋比反抗他爸爸，用自己的頭去撞水龍頭，結果必須被送到醫院去縫合。醫生果決並迅速地通報相關單位，於是在整個情況得到評估前，蓋比獲得緊急安置。這個孩子跟我的治療進行得很順利，才不過幾個星期，他就問我，他能不能給我看看他怎麼將廚房紙巾浸到水裡製造「水子彈」。他告訴我，他的寄養媽媽要求他不要在家裡玩這種遊戲，但要他在治療的時候做給我看。他的寄養媽媽已經事先打過電話給我，提到蓋比對這個特定的遊戲特別感興趣，所以我就準備一捲廚房紙巾和水帶到辦公室裡來。當蓋比知道他可以自由地玩這個遊戲時，簡直樂翻了；他將紙巾一張一張撕下來，捏成一團，泡到一個裝水的罐子裡。接著他把紙團拿出來，將它們捏成小球，然後要求我讓他對著牆丟這些球。當我建議把這個遊戲拿到戶外

去，讓他可以把一面大磚牆當靶來丟這些紙球時，他非常興奮。「啪」、「啪」，每當他把溼紙球拋到牆上時，就會發出這樣的聲音。每一次在丟紙巾的過程中，他似乎變得越來越主動地投入。他開始變得看起來像一位棒球投手，手劃出一個大弧，把紙巾球丟向那面牆。玩完之後，他看起來既放鬆又快樂。這個遊戲進行了好幾個回合。他從紙巾換到海綿，並把海綿浸到水桶裡。每一次，他都會小心將海綿壓到水桶裡一段特定的時間。我給這個動作計時，發現每一次都是 35 秒的時間。在把紙巾（之後是海綿）從水裡拿出水面時，他總會大吸一口氣。之後，他把玻璃彈珠泡到水裡，並要求我允許他將彈珠拋向牆。我猶豫遲疑了一下，但最後妥協了，只讓他丟特定數目的彈珠。他只挑一種顏色的彈珠——嬰兒藍。他拿了十顆彈珠，用力往牆上丟，大多的彈珠都被他丟得粉碎。這單元的最後，我們撿起能找得到的碎片，扔到垃圾桶裡。在這次遊戲之後，他進到不同的遊戲活動，最後既進行象徵性活動，也進行談話，談關於他對父親和母親的矛盾情緒，在父親進行這項「水刑」時，媽媽總是在浴室外等著。

後來，蓋比和他的父親參加了一些有效且不錯的家庭治療，包括給父親一段時間的治療，讓他認識到，他把孩子淹到水裡的教養方式已構成虐兒行為。他為此而嚇到並因為傷害了兒子誠心道歉。在 CPS 的監控，持續進行的在家中治療，以及我們的家庭治療單元等多重管道下，這對父母接觸到新的、更健康也更安全的管教方式，結果蓋比發展得很好。一年後，這對父母選擇離婚，而（在爸爸的同意下）蓋比選擇和媽媽住在一起，爸爸可以定期探視他。

蓋比的遊戲有著肢體和感官元素，能讓他釋放出一些自己所累積的恐懼和憤怒。他在將紙巾浸到水裡時屏住呼吸，以及將紙巾取出水時的用力呼吸，都在提醒自己遭受過的虐待。在玩遊戲時，他採取一個能使自己發洩情緒和釋放肢體的主動角色。

　　治療師是否該提供臨床詮釋，把遊戲與真實事件連結起來，這個問題一直是熱烈討論的議題。然而，我相信兒童在心裡深處明白他們所創作的這個遊戲。我相信，當他們將自己投入遊戲中時，他們是主動投入在激發他們的全人。有時候，當我試圖去做比較時，兒童們很快就否認這之間的關係；他們似乎感到被約束住，然後就對自己的遊戲不感興趣了。基於此，以及出於我對這個過程的信任，我寧願讓孩童在他們遊戲的互動中自己能夠理解這一切。但這並不表示我不與遊戲進行互動，或問一些詳細的問題，或向孩童反映我看到他們所做的事。換句話說，我可能會使用大量的臨床回應。可是對孩童而言，詮釋也許是一個干擾的因素，雖然我確信治療師在這個技巧裡的自在度和信任度，會因著它進行和接受的方式而帶來截然不同的效果。

瑪姬：將其他人納入創傷後行爲重演的例子

　　我最早接觸的其中一個案例是瑪姬，一位八歲的小女孩，她曾遭受嚴重的身體虐待並發展出受虐兒童的許多特徵：過度警覺（hypervigilant）、恐懼、順從、畏避，並總是嘗試取悅別人。在治療的五、六個月後，瑪姬帶來一個乒乓球拍，把它交給我。我問她這是什麼，她的回答很明白；我問她為什麼把這球拍給我，她回答說，好讓我用球拍打她。當我問她，為什麼她認為我會打她時，她說：「你喜歡我，不是嗎？」我因她的解釋當場愣住了，之後花了一些時間才完全明白，她把球拍帶給我並請求我打她是她在向自己的焦慮妥協的一種訊號。由於她非常不習慣與人有正面的互動，儘管她同時經驗到對我有那麼一點點的信任，但她的焦慮感還是一直增加。一旦她的信任增加並猜想我關心她時，她下一個立即擔心的事是我的行為會突然改變，而她期待這樣的事情不要發生。她已經習慣相信，關

心和暴力是互相交織在一起的，所以，如果我喜歡她（而且她也感到自己受到關心），她就會被打。與其忍受這種內在世界觀所帶來的焦慮，她把武器帶來，好讓我對她施暴，然後進到熟悉的暴力後和好階段。這是我第一次接觸到創傷後行為重演，而且發現到這是一股多麼強大的力量。不用說，治療師必須給予明確和迅速的回應，好讓孩童相信並信任，毆打不是這個治療關係裡的一個選項。

這類創傷後遊戲和行為的動力來源各有所不同，但它們似乎都是用來將困難和痛苦的記憶外化（有時候會被當作各種感覺、知覺、模糊的想法或心像來經驗）。透過利用創傷後遊戲，兒童有機會減低他們的創傷回應強度，並賦予這些回應更多正確的意義。透過創傷後遊戲來逐步消化創傷的這種做法使孩童能夠藉著遊戲，無論是象徵性或忠實呈現的方式，無論是自己一個人或與其他人一起透過實際的經驗，去面對強大的記憶。

創傷後遊戲以什麼樣的方式有助於孩子，這不是一個解釋就能夠說清楚的。我的專業經驗教我不要這麼快做出各種假設，而是要等著每一個孩童帶來下一個有創意的不同玩法。我一直由衷敬佩這些受創兒童的自我修復力，只要給予他們最佳的環境、安全、尊重和各種協助，他們就有能力進行自我修復；而這協助包括了父母和照顧者、協助的專業人員、老師、提供日間托護的機構和人員、社工人員等等。

創傷後遊戲的階段

Marvasti（1994）指出，創傷後遊戲有幾個階段，包括：診斷、關係和重複遊戲。在每一個階段，他提出一個獨特的焦點來協助孩童達到賦權。在經歷過第二類型創傷的孩童身上，我也觀察過看起來會長時間進展並發展出不同階段的創傷後遊戲。以下組織的架構也許能幫助臨床工作者觀察特定和可偵測到的階段和進展：

外化與涵容

在創傷後遊戲的這個最初階段，孩童投入於將自己的憂慮外化，並開始選擇一種忠實呈現或象徵性的方式去揭露對這創傷經驗的已知或仍然未知的想法、感受和反應。在一位無條件接納他的見證者面前，孩童進行一場探索，而在孩童將自己的遊戲外化之前、當中或之後，這位見證者有時候會受到兒童們的挑戰和試探。在這個創傷後遊戲階段裡，孩童將自己的焦點縮小到一個範圍，使臨床工作者能夠理解。在整個過程中，孩童行使控制權——這是讓他感到安全所需的一個必要條件。在信任著孩童的遊戲過程的情況下，使用兒童中心治療方法的臨床工作者會發現，自己的見證人角色變得更容易而且有安慰的效果。然而，孩童離開治療室的時候可能會感覺猶豫不決、緊張、被激活、被灌注能量，或情緒有所侷限。

釋放能量並啟動各種資源

在創傷後遊戲的中間階段，臨床工作者能觀察到突然、間歇性，或越來越持續的動作和能量。在開始階段原本可能是生硬且重複的創傷後遊戲，現在卻轉變成為在故事線、人物角色、情境、開始或結束等方面有小型或大型動作的情況。在遊戲中的兒童可能肢體動作上看起來更流暢、更充滿生氣、更有活力，或利用更多感官方面的元素，製造聲音、肢體動作，或利用更多空間。孩童正將投射以及各種選擇、機會和差異等方面的「新聞」注入到遊戲裡。孩童從一種被動或緊繃的狀態進到一種掌控和釋放的狀態中。這時候，表達會變得更加豐富，但即使最小的釋放訊號（比如：嘆氣）也必須辨認出來。這時候孩童也似乎能夠自我調節和自我安撫，並且變得有能力停下這遊戲，也能在心中記住單元的結束時間。孩童通常不會在不快樂或緊張的狀態下離開遊戲，但他們會在家裡或學校呈現出症狀。

適齡的化解和結束

在創傷後遊戲的最後階段，孩童顯得有更大的自信心而且可能經驗到能掌控自己的遊戲。在這個階段，孩子可能已建立了某些信念，也或許更明白為什麼會發生這些事。這時，孩童似乎有一段自省的時間，有時候會接著給他們的角色發聲、提出問題、表達陳述，或對臨床工作者的問題做出更多回應好讓他們之前呈現的隱喻更為豐富。於是，營造一個有組織且清楚定義（無論是象徵性或忠實呈現式）的敘事這個目標已然達成。這時孩子顯得放鬆並更能接受其他的介入方式，例如認知再評估或處理。孩童可能帶著一些夾雜的情緒離開治療，剛開始心裡還有點猶豫不決，但隨著一些化解的形式，他們會變得平靜且趨向結束治療。

有一個常令臨床工作者擔心的額外因素值得一提。之前曾經提過，並非所有孩童都會利用創傷後遊戲，而且也不是每個孩子都會按照一個有結構的過程去進行創傷後遊戲。對有些孩童而言，創傷後遊戲持續重複且被驅使著進行；而在另一些孩童身上，創傷後遊戲比較是間歇性的，隔一段時間才出現一次。在這種案例裡，孩童可能在衡量自己的步調，在凝聚敘說的力量。甚至更重要的是，有些孩童似乎以解離來回應自己的遊戲。我曾與許多警覺到這種情形的臨床工作者交換過意見。解離與創傷有高度相關，而且它是一種重要的防衛策略，藉著它，兒童將其痛苦的外在壓力源分割成多個部分並阻止它立即出現。兒童極度有創意，會常常「神遊體外」，將身體的一部分變得無感，或出現失自我感（depersonalization）。附隨於創傷後遊戲的逐步暴露會在兒童身上激發熟悉的防衛式回應，在我來看這是很合理的。根據我的經驗，當兒童投入動態性創傷後遊戲或毒性創傷後遊戲，以及有時候當他們投入個人或與同儕重演創傷的時候，解離狀態是常有的事。

即使兒童在這些活動當中發生解離的情況，在不同的意識狀態之間進

進出出，他們還是會導致一些改變。解離狀態可能在遊戲或重演時出現，提醒兒童在實際受虐情境中的解離狀態，或是作為對他們所發起的遊戲或行為的一種防衛式回應。只要兒童們能進進出出解離狀態，而且長期下來，發生解離的時間越來越短，我會將它視為一種復原的過程而不是絕對負面的狀態。有時候，若解離發生得太頻繁時，我會採取一個更主動的角色來中斷它（Gil, 1989），但這需要暫時離開實際的遊戲。

創傷後遊戲如何幫助療癒

　　就定義而言，遊戲提供一個保護墊給兒童。遊戲使他們能與自己的創傷記憶拉開距離，同時又將這些記憶外化，使這些記憶能被視為或多或少可以忍受的事。當兒童使自己暴露於讓他們想起創傷記憶的具體圖像時，他們的感覺會被喚醒，而且我們希望，他能開始管理這些感覺和記憶。例如，瑪莉亞·費南達就做了好幾件不同的事：她在土裡挖了小洞，又把死掉的昆蟲埋到土裡。因此，我們可能會想，她是否在面對大地把叔叔吞沒了這個事實。一旦叔叔被埋之後，她能幫助他脫離困境嗎？其實她沒有，但她的確將活生生的昆蟲放到土裡，而這些昆蟲都能自己爬出來，脫離困境。同樣地，她曾經希望叔叔能奇蹟般地找到逃脫的方式，或是有一天能被人發現。對瑪莉亞而言，這不是有意識進行的過程，而且她也無法回答媽媽所問關於她的遊戲的一些簡單問題，或接受她為什麼玩挖土遊戲的一些想法。這類遊戲並非總是理智的，但就孩童所經歷過的事而且可能試圖解決的問題來看，這是很合理的。要注意的是，叔叔在星期四喪生於地震，而瑪莉亞也在星期四開始她的創傷後遊戲，留意這一點是很重要的。這些紀念發生日子的行為，常常都不是有意識的選擇。

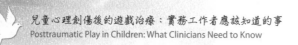
結語

創傷後遊戲是由兒童所設計的一種創意機制，以達到逐步暴露的目的（Gil, 2013）。因此，它使遭受創傷的兒童能逐漸看到、感受、表達、釋放和調解創傷記憶。藉著遊戲，他們慢慢但也確實地組織自己的記憶，並開始有一種修復的經驗，這經驗必然導致他們改善並恢復掌控感和自我控制感。創傷後遊戲提供一種拉開距離的機制，使兒童能夠逐漸「擁有」自己難以消化的記憶，並嘗試去管理自己潛在且常常無法說出口的憂慮。因此，他們可能會使用一些象徵或隱喻去表達關於自己和其他人的事，否認自己擁有那些不能說出的想法和感受，同時又承認並忍受這些想法和感受的存在。當孩童開始覺得自己變得比較堅強也不那麼無助時，他們可能突然不再需要拉大距離，並且能從象徵性遊戲轉換到更現實的遊戲，在這些現實遊戲裡，他們確認自己擁有之前只能用暗示的想法和感受，並且能夠將這些想法和感受表達出來。常常，這類遊戲是一種預演，一種發生於有意義的改變之前的試水溫活動。

臨床工作者對創傷後遊戲的關注有一種無條件接納和見證的特質，這是它的根本基礎，使得臨床工作者在觀察遊戲的自然演變時，得以提供所需的指導式或非指導式回應。

在理想的情況下，創傷後遊戲導致兒童重新獲得力量和控制感，發展出有組織的敘事，並在身體或情緒上釋放或表達與創傷事件相關的回應。創傷後遊戲能幫助兒童的信心增長，讓兒童透過一個以創傷和關係為焦點，並且重視、允許，或鼓勵兒童進行創傷後遊戲的治療方法，重新建立對他人的信任感。

藉由將兒童心中或身體上放大的事件縮小成迷你物件發生的事件，兒童開始透過移動玩具物件、給予這些物件一個聲音，並成為創傷記憶的改變者，而去面對無法承受的事。孩童從一種受害者的被動狀態進到一種掌

控者的更主動狀態。他們能融入縮小成模型或象徵化的場景，並且他們有權在故事線做出所需的改變。這是創傷後遊戲的兩個恢復元素。將能夠移動、採取行動、製造聲音、抗議、提出要求，或責罵的能力注入玩具物件中，能大幅幫助兒童自我修復。很有可能，在一位接納一切的見證人面前玩遊戲，而且在醜陋的創傷祕密揭露時，這位見證人不僅投入而且還展現同理心，似乎能創造一種有助益、建立關係的氛圍。當傷人的事實被揭露，並與見證人一起藉著驚鴻一瞥或小聲暗示的方式去檢視它，使兒童能獲取各種資源並將它們整合到遊戲裡。在創傷後遊戲的最後轉變階段，兒童可能會引進英雄和保護的家長或其他成人這些角色，甚至可能將治療或治療師的一些觀點交織到遊戲中。

毒性創傷後遊戲需要臨床工作者採取一個更主動的角色和導引方法。治療師必須保持耐心，獲取豐富的資訊，並準備好在必要時介入，這是極為重要的事。的確，創傷後遊戲可能會變得重複、有儀式的性質、被偽裝起來，或沒有任何歡樂的氣息，可是我們需要一些時間才能將它外在的偽裝掀開、使它暴露出來，並注入新的能量、觀點，或表達出其影響。透過這種方式，創傷後遊戲提供遊戲者巨大的修復機會。

下一章將提供治療師一些相關資訊，告訴他們如何觀察並記錄創傷後遊戲、如何評估孩童在玩的是哪一類的創傷後遊戲，並決定提供什麼樣的臨床回應。此外，亦提供介入毒性創傷後遊戲的一些想法。

Chapter *3*

評估創傷後遊戲並在它出現毒性時介入

根據我的經驗，許多兒童會自發地利用創傷後遊戲，而另一些兒童則需要鼓勵或增強才會使用它。這就顯示出臨床上的難題所在：臨床工作者如何知道這遊戲是否有幫助？區分動態性創傷後遊戲和毒性創傷後遊戲的特徵是什麼？如果遊戲沒有達到原本期望的目的時，又需要什麼樣的臨床介入？

馬特：動態性創傷後遊戲的一個例子

馬特九歲大，有過被疏忽虐待和性侵的歷史。他曾遭到一位沒有親戚關係的男人性侵，是他媽媽的前男友。當他媽媽持續讓自己的孩子處於受害的情況下時，他被安置到別的地方去。他媽媽在吸毒時，常將孩子們趕到屋外去。警方認為這些孩子處於沒有受到監督的情況，於是將他們安置在不同的寄養家庭中。這位媽媽一直在各種戒毒課程中進進出出，而馬特很幸運地找到一個長久的寄養家庭，而且他在這個家庭中生活到 21 歲。

馬特呈現的情況剛好是米奇（見第二章）的極端相反。馬特很順從、被動，總是低頭垂視，說話輕聲細語。他經常緊張地在椅子上動來動去，侷促不安，動作和情緒表達都極為拘束。剛開始時，我反映出他安靜的行為舉止，把焦點放在讓他認識我和環境上。他的寄養媽媽告訴我，他從來「不是個麻煩」，而且她常常「不知道他就在旁邊」。我發現，他在嘗試讓

自己變成個隱形人，這是在經驗過或目擊過暴力的兒童身上常有的一種適應性行為。他想讓自己不惹人注意，以便感到安全。他學會了讓自己變得渺小，不惹任何麻煩。他完全無法做自己，所以起初兩個月裡，我主要進行平行遊戲，很少要求他參與特定的活動，並發展出可預測的開始和結束。到了治療的第四個月時，馬特越來越常抬起頭來，自願提供資訊，並能夠大笑和要求進行特定活動。對於馬特，我很少設限，他的過度禮貌和樂於助人的行為都是恐懼、不信任和缺乏安全感的訊號。在第四個月時，他的注意力轉到沙箱上，這是他之前一直忽視的。他開始玩一種非常緩慢和有目的的遊戲類型，後來我辨認出這是一種創傷後遊戲。這個案例已在我另外一本書介紹過（Gil, 2006b），但在這裡，我要說的是，他利用迷你物件創造故事而將自己遭受性侵的經驗帶進治療室中，這故事清楚呈現出曾經發生在他身上的事，並給予他一個重獲掌控的機會。他的遊戲既慎重又果決：他至少花了六到八個單元，用雙手輕輕拍打、推動、攪動盒子裡的沙子，或用手指在沙子上劃來劃去，而且在每一個單元的最後，他會把沙子回復到原來的樣子。在中途的時候，他發現水很有吸引力，於是用一點點水把沙子弄濕，只濕到足以讓他繼續做輕拍、推動和攪動的動作。最後，他的遊戲轉換成用雙手合攏做出一些小沙堆，把它們塑造出完美的形狀，每一個小沙堆都長得一模一樣。在將六個一模一樣的小沙形塑得很完美之後，他用手指在沙堆的頂端開一個小口，就像火山口一樣。他經常在與我進行眼神接觸之後，就把這些小沙堆夷平，似乎在確認我是否有看到他所做的事。我記得當時自己說了類似這樣的話：「你正在輕輕拍打這些沙子，就像你想做的那樣」或「你加了剛好的水量進去」，或「你把這些沙堆做得看起來一模一樣」。他總是認可我對他說的話，卻從來不以話語做任何回應。他似乎在凝聚勇氣以面對即將發生的事，這是我在事後才洞悉到的一個事實。

　　最後，這些有開口的小沙堆在馬特身上誘發出主動的遊戲，於是他鬆開自己的身體，手裡拿著飛機，用雙臂劃出大圓弧把飛機飛近。他會讓這些飛機飛來飛去，最後這些飛機都會墜毀在小沙堆頂端的洞口，一半的機身埋到沙堆裡。這些飛機會留在沙堆裡，彷彿卡在那裡一樣。當馬特進行完這些遊戲並聆聽我的描述時，他都會有一些明顯的小小反應。接著，他把這些飛機拔出來，丟到地板上（這很不像是他會做出的事），然後溫柔地將沙堆的開口閉合，將沙堆回復到之前的形狀。然後他開始慢慢將沙子推來推去，把沙堆破壞，在離開前把沙子推平。將沙子回復到之前的平整、未動過的平靜狀態，可能是他在表達信任的證據，而這份信任感使他能夠回復到遭到性侵之前的平靜（和天真無辜）的狀態。我將這些連續動作描述給他聽：而他總是點頭同意。

　　馬特曾被性侵了正好六次，在我看來，他顯然在一次又一次地重演那些侵犯他的攻擊行為。但治療似乎發生在將飛機拔出來丟到地上的那一刻，以及他溫柔地對待沙堆的動作裡面，即他會將沙堆的開口修復，讓沙子回復到原來平整的狀態，輕輕將沙子拍平，彷彿在說：「好了，沒事了。」我發現，這一次馬特的行為舉止有所改變。他的順從似乎改變了一些，而且會和寄養父母採取更多主動的互動。他主動提供更多資訊給我和其他人，他原本坍塌的胸膛開始打開。在這次沙遊之後，他開始探索這個房間，偶爾發出微笑。有一天，他竟然因為我說的某個愚蠢笑話而開懷大笑。在我耳中，他的笑聲簡直是美妙的音樂。大約四個多月後，我們一起看一部關於一個小男孩被一位年長的男性性侵的心理教育影片。馬特坐在我旁邊，手裡拿著遙控器。我告訴他，只要他想，可以隨時按停，而他也的確如此做了。在按停之後，他輕聲悄悄對我說，他母親的男朋友——變態的法蘭克，把他弄痛了「很多次」。他說，每次這個男人傷害了他之後，他就跑到浴室一個人坐在那裡，用沾濕的衛生紙清理自己，並希望對

方不要到浴室裡來找他。他還告訴我，他會閉著眼睛，假裝他媽媽來了，在浴室裡找到了他，帶他去看醫生，並把那男人趕走。有一次，他對我說：「可是她從來都沒來過，而且還一直讓我跟那男人待在一起。」每一次遭到性侵之後，他就在浴室裡做一個記號。在之後的治療裡，他的遊戲包含了許多醫療設備，他（扮演醫生）會給孩童們做「全身」檢查，並幾乎把娃娃的全身都貼滿了 OK 繃。他經常問的問題是：「這種事是怎麼發生在你身上的呢？」「有人在傷害你嗎？」而娃娃們的回答都是：「沒有。」

　　看著孩子透過遊戲獲得掌控感有時候實在令人感到驚奇。當他們獲得掌控感時，明顯的結果是他們開始表達自己的想法和感受（透過語言或表達藝術），感到更放鬆和更有自信，顯得更能組織自己的經驗並將這些經驗敘說出來。在遊戲裡，他們控制自己看得見和治療師看見的元素。他們會重複進行，而這使他們能將這些經驗的影響驅除掉，並逐漸去檢視和理解自己所經驗過的事。有時候，他們會用語言去分享，有時候不會，可是他們的遊戲會改變，而且他們進來治療和離開時的行為也會改變。當動態性創傷後遊戲能達到原本預定的目標時，可以帶來許多正面的效益。

🌑 區分毒性和動態性創傷後遊戲

　　馬特和米奇的案例史顯示，創傷後遊戲差異很大，並建議治療師必須提供不同的回應。動態性創傷後遊戲和毒性創傷後遊戲的基本差異在於它對孩童是否有助益。Cohen 等人（2010）指出：「帶有慰藉的重演策略呈現出適應良好的遊戲，如 Zero to Three（2005）中所描述的一樣，而使人無法招架的再度經驗之策略則很大程度與之有負面關聯，並呈現出適應不良的創傷後遊戲。」（p. 176）她指出，創傷後遊戲「既是孩童適應環境的嘗試，並利用自己的能力去處理創傷事件，也是一種適應不良的訊號，並

發出求救的需求」（p. 174）。

在一份關於 29 名暴露於恐怖主義的以色列孩童的研究中，Cohen 等人（2010）發現，在這些個案裡面，許多孩童使用「自己的想像、敘述創造，和慰藉等力量」作為呈現「天生的復原力和自發性遊戲的治療功能」的方式（p. 177）。我的印象是，對於受創兒童而言，自我安撫和適應都可以轉換成一種掌控的經驗。

毒性創傷後遊戲會導致兒童遭受再度創傷而且對兒童有潛在危險，因為它使兒童感到困住無法脫身和痛苦不堪。在這種狀態下，他們透過創傷這片濾鏡去看待所有的事：人際關係、友誼、要求、幫助的嘗試，並且他們拒絕用來助於他們前往療癒之路的各種有益互動和活動。這類遊戲表面上看似動態性創傷後遊戲，因而能混淆視聽。決定要維持兒童中心的治療方法多久，何時該以更指導性的方式介入，以及如何介入，對臨床工作者而言是進退兩難的難題。Dripchak（2007）指出：「負面類型的創傷後遊戲的風險在於，它實際上可能使創傷的影響變得更嚴重並且導致兒童在發展上退化。兒童需要協助才能繼續往前走。」（p. 126）

記錄創傷後遊戲

這些年來，我發現將焦點專注於遊戲上，記錄下遊戲最小的細節以及遊戲的時間順序，構成了最佳的臨床治療方法。在這裡，我要指出一件重要的事，即並非所有創傷後遊戲都會在連續的單元中出現。之前曾經提過，創傷後遊戲可能以連續的方式出現，或可能短暫出現，中間會有中斷的情形。因此，治療師必須按著時間順序記錄遊戲，好讓我們不過度依賴自己的記憶。簡言之，記錄的最主要目的在於觀察創傷後遊戲中的變化和移動。動態性創傷後遊戲可能會以一種僵化和有結構的方式開始，但它最後會消減，使得一些增進健康的特質能夠出現，例如發洩、對遊戲的擁有

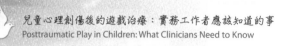

權，以及可能的領悟或自發溝通。而毒性創傷後遊戲則以僵化的方式開始，並一直維持僵化，沒有引進任何形式的變化或移動，而且治療也沒有任何進展。在動態性創傷後遊戲中，兒童的症狀常會加劇，到達顛峰，然後消減，最後趨於穩定；而在毒性創傷後遊戲中，症狀可能一直維持不變並可能達到顛峰且持續惡化。我曾經好幾次小心謹慎地引導兒童離開創傷後遊戲或行為重演，並引進其他活動，比如放鬆技巧、閱讀和影片觀賞治療，或同儕治療。

評估創傷後遊戲類型的指引

以下的原則可幫助你評估兒童所使用的遊戲類型，並為每一個獨特的兒童和家庭選擇最佳的臨床介入。

1. 考慮利用「創傷遊戲量表」（Trauma Play Scale; Myers, Bratton, & Hagen, 2011）建立可觀察行為的基準線。
2. 利用「創傷後遊戲檢核表」（見 204 頁附錄，用來幫助你辨認出遊戲的大部分面向，並長時間評估其變化）。
3. 在每一個單元結束後，記錄下遊戲中各種大大小小的變化。要評估的變化包括：

    (1) **孩童如何開始其遊戲。**他很專注並渴望嗎？有退回到遊戲嗎？興奮地從原本停下的地方繼續下去嗎？兒童剛開始疏離並避免與臨床工作者進行互動嗎？在開始遊戲之前，兒童看起來有猶豫不決並過度警覺嗎？他有建立一種在遊戲之前必定出現的常規（而且只要出現此常規就必然出現某種遊戲）嗎？孩童是否有在沒有被觀察的情況下嘗試「偷偷潛入」遊戲裡？

    (2) **所使用的角色、新納入的角色，或有些角色缺席。**兒童通常利

用迷你物件、娃娃或其他象徵性的素材將遊戲外化。因此，要注意兒童選用的素材是否有任何改變，是否有將一些東西藏起來、分開放，或有時把它包含進來，但有時候又不包含進來，這是很重要的事。引進或排除的故事角色很值得記下來。

(3) **角色的情感或人格變化。** 兒童會天馬行空的使用投射，將他們的情緒和語言表達注入象徵當中。因此，對人格特質或情感狀態進行臨床觀察極為重要，而隨著時間的改變也同樣重要。

(4) **口語和非口語的溝通。** 有些兒童在創傷後遊戲的整個過程中非常安靜，另一些兒童則不一定。常常，兒童使用的不是話語，而是各式各樣的聲響、低聲的嘀咕，或其他吵雜的聲音。

(5) **遊戲的順序以及是否有不同的版本。** 臨床工作者應該記錄遊戲的順序，也就是說，第一步發生什麼，第二步、第三步等等。若這順序僵化地重複進行，或可顯示出遊戲中的一些重要變因，進而幫助治療師決定是否必須介入。

(6) **遊戲的結束以及是否有任何不同的結果。** 「故事」的結束對孩童的康復有極重大的影響。有時候，「故事」的結束能顯示孩童在處理或嘗試解決與創傷相關的一些具挑戰的想法或感受。在這些結束裡，臨床工作者能辨認出困難區域以及希望區域。

(7) **添增或刪掉故事的一部分。** 故事可能會因不同的理由而改變，這些變化可能是復原力或退化的訊號。知道特定的資料被隱瞞或納入，能幫助臨床工作者理解孩童如何管理自己的創傷壓力。

(8) **與治療師的互動。** 在我治療過的兒童裡，曾經有些兒童要求我在他們進行時「轉過去」不要看著他們。另一些孩童則要我仔細地看，而且要求我越來越靠近他們最主要進行的地方。有些

兒童會說話，而另一些兒童則保持沉默。兒童與治療師的互動不是「單行道」，但我喜歡記錄下整個單元的基準線行為和遊戲當中或其他時間接著發生的變化。

(9) **遊戲的地點**。創傷後遊戲的其中一個主要變數是**移動**（movement）。治療師必須切記，任何（行為上、情感上、身體上）的移動都能顯示出孩子正邁向康復前進。例如，將遊戲移出沙箱並放到娃娃屋裡是一個很大的移動。

(10) **創傷後工作之前與之後的遊戲**。兒童在創傷後遊戲之前與之後所進行的遊戲也值得記錄。兒童如何準備進行這份工作以及他們如何在事後照顧自己，這些資訊幫助治療師能夠在臨床上判斷孩童目前的運作情形和需求。

(11) **解離**。解離的事件要給予特別關注——尤其是，這是在哪裡發生的、持續多久、在什麼重要關頭發生，以及兒童如何中斷解離事件，這些都應該記錄下來。視解離事件是否變得不那麼頻繁，或不那麼劇烈，或持續的時間變得比較短，讓孩童注意到這些事件會是件重要的事。我曾經和孩童們進行過討論，標記出這些行為，並指出它們可能代表著特別的議題或憂慮；我也曾將這些單元錄影下來並讓孩童觀看，要求他們去回想他們在解離狀態下的樣子。由於解離是一種學來的防衛策略，它不僅隨著時間逐漸發展，而且之後還會被普遍化的刺激源啟動，因此將解離回應的控制權歸還給個案是極為重要的事。兒童們曾告訴我，當他們不是「被全面接管」而能夠「在想要的時候就離開」時，他們覺得很高興。在兒童身上，解離回應是重要且可預期的創傷相關特質，這絕對需要臨床的關注（Silberg, 2012）。

4. 在每個單元結束後與下個單元之間要與照顧者取得聯繫，以得知兒童對於參與治療和投入創傷後遊戲的反應如何。根據我的經驗，照顧者可能會報告說，兒童的問題行為或症狀先會增加一段時間，然後才會趨於穩定並改善。我發現，若創傷後遊戲在治療裡出現之後，持續在治療過程進行當中陸續出現，但兒童的行為或症狀不但沒有減緩反而加劇，這些都是創傷後遊戲正變成毒性或沒有助益的訊號。

「美國國家兒童創傷壓力網」（National Child Traumatic Stress Network, NCTSN）引用了通報創傷治療的數個重要面向，其中包括創造安全環境和健康的關係、以認知的重新評估和整合直接處理創傷素材、創傷素材的暴露和整合，以及未來方向等（www.nctsn.org）。而創傷後遊戲顯然以非常正面的方式幫助我們達到所有這些目標。

● 在毒性創傷後遊戲中進行訪談

在毒性創傷後遊戲的案例裡，為協助創傷兒童，直接和設計良好的臨床介入是必要的。如果置之不顧，毒性創傷後遊戲可能會導致再度創傷並使治療進度停滯不前。

一旦辨認出這種負面類型的遊戲，「我還要等多久才介入？」這種問題並沒有單一的答案。我的建議是，如前所述，要評估兒童的創傷後遊戲是否有朝正確的方向前進，要與照顧者取得聯繫以獲知孩童在治療時間之外的行為和情緒狀況，當然，還要謹慎評估孩童的整體治療進展，以及其整體或全面的功能運作狀況。

這些年來，經由嘗試和犯錯，我對毒性創傷後遊戲的潛在動力已獲得一些理解。雖然未有絕對定論或不一定能適用於每一位兒童，但這些動力

或許有助於我們了解為什麼創傷後遊戲會形成阻礙和導致不良後果。

毒性創傷後遊戲之潛在動力

創傷後遊戲最首要的功能是一種外化，它使兒童能建立遠離實際創傷經驗足夠安全的距離。當兒童在想到創傷或受虐的經驗時，他們可能會感到難受，他們也許會被恐懼、羞恥、擔心、悲傷、困惑或憤怒等感受淹沒，這只是其中一些例子。他們通常覺得無助。若將這些感受置之不顧，在幼童身上這些感受的強度會一直維持不減而造成問題。若創傷記憶未獲得處理，想到或回憶起這些創傷記憶會產生非常強烈和痛苦的感受，使得逃避變成絕對合理的行為。因此，就像一位孩子曾對我說過的：「我不要談這件事，而且我也不要想到它。我一想到它就很難受，所以我不要想到它！」

曾經受到創傷影響的兒童會尋找一些自我保護的方式，和一些能幫助他們感到安全，不這麼暴露和脆弱的途徑。我認為，創傷後遊戲給兒童指引一條康莊大道，經由這條大道，他們能以不那麼痛苦且更有創意的方式去修復自己。在安全的狀態下，兒童將自己的感受投射到他們選擇的玩具或迷你物件上，因此得以將自己的記憶，相關的感受、感知、認知和身體知覺透過遊戲外化。例如：一個被父母毆打的兒童可能會崇拜一位超級英雄，並將力量灌注到他身上，使他能飛到父母的臥室裡，將邪惡的父母變成好人！這個孩子可能會讓這位超級英雄和自己對話，進而揭露出自己隱藏的悲傷或受傷的感受。兒童們會利用遊戲的「彷彿」（as-if）特質來隱藏個人，好讓真相能被揭露出來並獲得處理。兒童會全心進到這種遊戲裡面，常常在自己的隱喻和故事中迷失自己。我強烈相信，兒童自己獲得的領悟常常比外來的詮釋更能帶來安撫的作用（並建立更強的自尊心）。有個孩子曾給我一個開朗的笑容，她說：「哇！我真不敢相信我居然自己搞

懂了這一點！如果你想和其他兒童分享，請自便！」我很喜歡看到當孩童們自己「想通」某些事時，他們的自信在我面前發出光芒的樣子。投射是孩童們所使用的一種很棒的機制，而且他們在遊戲中會常常使用到它。

有時候，透過遊戲所獲得的安全距離並不夠。孩童並沒有得到想得到的安全防護墊，於是他們一直感到苦惱和受傷。有時孩童會完全拋棄遊戲，但另一些時候，臨床工作者能觀察到孩子以一種過度有結構和僵化的方式強迫性地重複自己的遊戲。在這類遊戲當中，孩童可能會有解離的時候，而同時症狀會增加而自我調控會減少。此外，退化的行為可能會出現或重複出現。這些變化顯示，兒童可能不是透過遊戲在遠距離想起那些創傷經驗，而是正在經驗到創傷的還原（revivification）——也就是說，再度經驗那個創傷，而且完全帶有發生在那個創傷事件中的知覺、視覺、聲音、想法、感知和感受等等。Lieberman 和 van Horn（2004a）指出，鼓勵兒童區分出再度經歷和回想之間的差異極為重要：

> 兒童透過行動或遊戲重演其創傷經驗，並可能會越來越無法分辨到底自己是在回想或是再度經歷那個創傷。治療的目的在於增強其能力，以便他們能夠將自己此刻正感受的事與過去的創傷經驗產生連結，強調其主體經驗和此刻環境之間的具體差別。（p. 125）

當這全部的記憶發生並造成持續的創傷影響時，兒童會啟動熟悉的防衛機制；於是，同樣的生理回應會出現，導致進一步的習得無助感。兒童不但沒有透過將事件演出而重新獲得控制感，反而遭受再度創傷。顯然，這類發展不是我們希望看到的，它不僅帶來負面後果，而且還有潛在危險並干擾治療的進行。

創傷後遊戲含有感官的成分：孩童們可以觸摸玩具和迷你物件，將它

們握在手中，移來移去。他們的雙手忙碌，身體和心思很大程度都投入遊戲裡。對某些兒童而言，這些感官成分可能是導致他們感到遊戲太近的原因，而妨礙他們獲得所需的安全距離。由於遊戲太近、太私密、太有壓迫感，使得兒童不能退得夠遠來扮演觀察者─參與者的角色，反而活生生地再次經歷自己正在回憶的事件。這使得他們變得不穩定並誘發出許多難以處理的情緒。於是，解離經驗便開始融入遊戲中，作為一種有效的自我保護方式。若兒童沒有獲得所需且夠安全的距離，遊戲可能變得僵化、無法招架、沒有幫助。發生這種情況時，就必須有臨床介入。

介入的連續向度

　　毒性創傷後遊戲有許多顯著的特徵，最值得注意的是遊戲一直重複和系統化特質。有時候，它看起來幾乎完全不是遊戲，而且它的受驅使性相當明顯可見。因此，需要進行臨床介入時，治療師必須製造一些改變以中斷此遊戲的僵化軌道。若我決定要介入時，我會嘗試從最低程度中斷以逐漸達到最高程度中斷。但現實狀況是，基於幾個理由，臨床介入非常急迫：兒童在受傷，他們正處於感到痛苦的風險當中──症狀維持不變或甚至增加、正常發展延遲了，而照顧者和愛他們的人感到挫折沮喪，不知道自己該做什麼來幫助孩子。創傷後遊戲正向樂觀的目的已受到阻撓，而且不可能再獲得正面的結果。

　　我在以下段落中所列出的四種介入方法有時候會成功。如果到目前為止所進行的都是兒童中心的遊戲，那麼接下來除了耐心觀察和無條件接納之外，非指導式遊戲治療師可以使用這四個介入方式，以為臨床活動設下改變的環境。

1. 用話語描述

臨床工作者可以開始口頭敘述他們看到兒童正在做的事。在這個階段，純粹的描述有最好的效果：「我看到護理師和醫生正在檢查這個嬰兒，而嬰兒正在哭。」完全不做任何詮釋，比如：「嬰兒不喜歡醫生在做的事」或「嬰兒害怕看到醫生」。有時候，簡單的描述可以導致孩童的遊戲發生變化，但這並非每次都有效。我曾經有過的經驗是，有些孩童完全停下他們的遊戲，直到我都不說話了，他們才重新從頭開始自己的遊戲。

2. 要求孩童給予角色一個聲音

如果兒童一直透過動作或口頭敘述重複講一個故事，臨床工作者可以要求兒童給予他們遊戲中的角色一個聲音，因而給予孩童機會去展示，他們納入自己遊戲中的這些角色有什麼想法或感受。

3. 改變遊戲的順序

要求兒童從遊戲的中間開始，或將遊戲設在某一點，並要求兒童「從這裡接下去」。陷入毒性創傷後遊戲的兒童通常也不喜歡這種介入方式，反而比較喜歡回到自己原來開始的地方並繼續自己的遊戲。

4. 要求兒童身體移動和呼吸

當孩童在遊戲中有身體、情緒或情境陷入僵化時，臨床工作者可以要求孩童動一動自己的身體、呼吸和移動一下來打斷遊戲。要求孩童用雙臂做出 8 的動作，雙臂同時伸往天空，或吸入清新的空氣，做深呼吸，這些做法不僅有幫助，有時候甚至讓兒童以不一樣的狀態回到遊戲中，並很可能產生不同的觀點或做出不一樣的行為，與治療師有不一樣的互動。

我發現，更具指導性的技巧在中斷創傷後遊戲上很有用。以下是其中三個最有效的介入方法，也許這些能當作讀者們的臨床創意跳板，激發你想出更多有效的方式。

1. 錄影

前面提過，關於創傷後遊戲為什麼會卡住，我的假設是兒童沒有從遊戲中獲得夠安全的距離。我認為，孩童的感官涉入以及用具體的形式外化自己的經驗，可能是他們無法建立或獲得所需距離的因素。即使孩童們透過口語或動作去敘述自己的故事，無論手裡有沒有拿著一些玩偶，他們都在使自己的故事具體化，因而以一種強大的方式與其保持連結——所以，還是沒有足夠的安全距離。反思（reflection）絕對是一個治療目標，但與直接擁有感受相比，透過投射能更有效達到此目標。

一旦錄影在螢幕上呈現，兒童的注意力被導向他們眼見的事，而不是他們在遊戲中透過身體接觸所感受到的事。影片提供距離，而且兒童可以感到他們所需的安全。

接下來，治療師可以將錄影機的控制權交給孩童，讓他可以使影片快進、後退或暫停。治療師可以運用之前提到過的一些介入方式：敘事式的描述、賦予角色聲音、在不同的地方停下或開始遊戲，以及在遊戲的整個過程中詢問角色的想法和感受。換句話說，治療師引進大部分兒童在進行一般遊戲治療時所使用的活動和互動方式。

但利用影片可能會很複雜。例如，兒童可能曾經受虐，而在進行治療的同時也在進行司法起訴程序，因此製作可能會被傳訊的錄影是一種禁忌。有些兒童可能曾經受虐而另一些兒童則是觀看或錄下虐待時的情景，還有些兒童無法接受自己被錄影而可能就這麼退縮。我發現，要向兒童解釋，是他們自己在錄影自己的遊戲，而不是別人，這是非常重要的。但對

某些兒童而言，錄影是完全不可能的事或不喜歡的事。

2. 利用鏡子裡的影像

　　另一個在多種情況裡似乎很有效的一種做法是利用一面實體的鏡子，好讓兒童能專注於鏡子中的遊戲影像。有時候，兒童們會允許我去錄影鏡子裡的影像，但就只限於此。利用這種特殊的方式，可以達到獲得安全距離這個基本目標，而且這種介入方式的優點是它的透明度（兒童能看到正在發生的事），而且他們會很安慰的知道，自己的遊戲不會留下一份永久的記錄。

3. 故事壁報

　　一種很有效的方式是治療師將孩童所表達的敘述內容畫下來。將故事的順序畫成圖案並將孩童展示的東西反映給他們，到目前為止是很有用的方式。但有些治療師不願意將孩童的故事畫下來，因為他們對自己的畫圖能力沒有自信。有一次我指導的一位實習生解決了這個問題，這位實習生利用雜誌上剪下來的圖案貼到壁報紙上，並向孩童敘述這些圖案。當孩童接觸到以圖案的方式去演示他們的創傷故事時，他們可能獲得所需的距離而能夠進行反思。這個方法有時候能增加領悟、理解或表達。

　　一旦孩童在自己的遊戲中獲得安全的距離，他們通常會有不同的回應：有時候，他們的確能夠反思，讓自己以某種方式被觸摸、感動或啟發。他們的感受能浮出表面，知覺能變得敏銳，思想變得澄清。當然，這樣的結果是依孩童的年齡和其他各種變因而定，包括他們在治療關係中感到有多安全，以及在治療室之外獲得多少支持。這些介入方法的目的在於為毒性遊戲創造機會，讓它能走向一個更健康、更正面的結果。

結語

創傷後遊戲讓兒童能重新獲得控制感並掌握創傷記憶。然而，有些孩童無法利用創傷後遊戲的動態面向，反而發現此遊戲陷在負面的結果中。

我認為，兒童很可能容易因創傷後遊戲受傷，因為他們可能會完全沉浸於遊戲中而無法獲得夠安全的距離。當孩童們受到太痛苦或困惑的經驗所折磨，當他們被恐懼或焦慮占據，當他們盡可能逃避痛苦時，當他們的大腦被激發去做出導致問題行為的回應時，那麼他們的固有修復機制可能需要協助，以便促使它能發揮有用的功能。在這種情況下，相對於能自動走向解決問題的動態性創傷後遊戲所做的回應，治療師必須對毒性創傷後遊戲做出不一樣的回應。

本章中所介紹的介入方式，其中斷效果從輕度到重度不等。這些介入方法用來改變遊戲的僵化狀態並使兒童釋放出更多有用的能量。這些介入方法中，有些是直接擷取自遊戲治療師所知道的與健康、一般遊戲相關的方式，另一些則是我對毒性創傷後遊戲的構想以及從過去四十年的臨床經驗中所發展出來的。這些介入方式包括錄影孩童的遊戲、利用鏡子裡的影像，和製作一個故事壁報。無論是動態性或是毒性，創傷後遊戲都是為了回應兒童的創傷事件而出現，以提供兒童一種方式去重獲掌控感以克服自己之前的無助和脆弱的經驗。

Chapter 4

創傷後遊戲在自然情境及治療室的表現

兒童可能在任何情境下出現創傷後遊戲，這引發人們的好奇及擔心。本章會討論創傷後遊戲在不同地方以不同的面貌展現，它不僅僅在臨床情境出現而已。

在學校及醫院的創傷後遊戲

醫院

四歲的米蘭達生活在一個暴力家庭中，母親經常被父親毆打。有一次她因腹膜炎被帶到醫院，也動了盲腸炎的手術，隨後幾天住院等待復原。護理師很驚訝地看到米蘭達常會捶打自己的胸部，但當時並沒有外來的刺激，也好像不是因為身體疼痛。此外，她會抓自己抓到流血，然後要求護理師給她繃帶包紮。母親來看她的時候，米蘭達會出現矛盾的行為，有時候伸出手要母親抱，有時候則是玩鬧般的打媽媽的胸部。

學校

六歲的艾力克斯每天下午必定會到保健室報到。其實沒有什麼明顯的醫療問題，但艾力克斯很渴望護理師花時間陪著他。他堅持說自己眼睛看

不清楚，護理師就會幫他看看眼睛裡有什麼問題。接著他說眼睛會抽搐，護理師便會確認他眼睛究竟有無抽搐。此外，這孩子不斷說手痛，要護理師握著他的手，有時候還會要求揉揉他的手。

醫院

三歲的美琳達被發現自己一個人待在一間破舊的公寓裡面。她的耳朵裡面有蟑螂，醫生幫她夾出來。她的頭髮毫無光澤，頭皮上面甚至還長出蛆。她的腰部有膿疱瘡，在陰部還有不只一道撕裂傷。她的手上有著香菸燙傷的痕跡，而且肋骨看起來快要突出皮膚。她顯然住在一個很可怕的環境裡，被疏忽或殘忍地對待。她的嘴裡長膿疱，在警察將她抱起來帶到急診室時，她幾乎發不出聲音。美琳達有嚴重脫水現象，因此得先住院治療幾個星期，再被送到緊急寄養安置處所。在醫院住院期間，她都待在她的兒童床不想出來，也不尋求別人的關心。一位護理師每天在搖椅上抱著她搖 20 分鐘，每次她都癱軟在護理師懷裡。到了第二週結束前，美琳達在護理師進來的時候會走到椅子邊。醫院的工作人員（護理、社工及精神科）都很擔心她的發展遲緩問題，但是看到美琳達不斷將她的陰道塞滿紗布、衛生紙或她可找到的任何物品時，大家變得憂心忡忡。

學校

九歲的班傑明幾乎每天在學校找人打架。他經常被帶到校長室，到了那裡他通常會尿褲子。校長通常會打電話給家長，他的媽媽在接到電話後一小時內就會來學校載他回家。他曾經被三間小學退學過，他媽媽對他的行為感到既挫折又生氣。班傑明喜歡待在自己房裡，但有時候會突然焦慮

發作，就會要求跟父母睡，並且整天跟著他們。他的攻擊行為最近才出現，父母認為可能與他們最近的婚姻衝突有關。

所有這些情況都涉及兒童在學校或醫院情境的行為，但即使受過最好訓練的專業人員對這些情況可能也會感到困惑。專業人員必須從脈絡來考慮這些行為，可能要透過創傷這個透鏡來看。一個很好的經驗法則就是，將任何讓人困惑的行為視為兒童可能試圖做溝通的舉動。有情緒困擾的兒童缺少表達痛苦或尋求幫助的一般機制，反而會找到有創意及適齡的方法來尋求協助。以下是我將上述行為視為創傷後遊戲或演出的構思。

・米蘭達

我發現試著幫兒童的行為「解碼」向來是很有用的方式。這位兒童目睹過許多虐待過程，多到受害者─加害者動力已經深植入她對世界及人際關係的了解。在進一步探問下，我發現米蘭達在男護理師靠近時通常會不斷地捶打自己的胸部，但其實男護理師對她很好。他明顯的友善態度反而讓米蘭達產生許多焦慮，因為她很不習慣男人的好行為。她很難忍受自己感受到的焦慮，便打了自己。舉例來說，米蘭達的行為可以用至少兩種方式來看：(1)她透過打自己來控制局面，如此一來就沒有人會打她；(2)當她需要媽媽的時候她的焦慮會增加，因此她重新演出對女人和女孩的暴力，以此方式來引發媽媽的照顧及設限行為。我相信對此行為仍有其他詮釋方式。米蘭達也抓自己抓到流血。護理師留意到她會用手去沾流出來的血將自己的名字寫在床單上面。我對此行為的理解和她打自己的道理相近。當她抓傷皮膚時，她可決定傷口在哪裡、多深，以及多少傷口。我也很清楚抓傷對這個孩子還具有另一個作用：如同我在治療期間認識她，她所描述她媽媽被打的時候她出現的「放空」行為。正如她所說：「我的心

就離開了。」於是，她能夠進入更深層解離狀態的方式之一就是抓傷。在我訪談米蘭達的母親時，我知道米蘭達的父親有一個很殘忍的習慣，就是在對她媽媽有點發火的時候，他會將帶有銳利刀子的金屬圈套在她腳上。很重要的是米蘭達後來被醫院社工師轉介去接受治療，社工師雖然不了解米蘭達的行為，但還是覺得此行為很不尋常，必須接受治療。米蘭達的母親希維雅接受轉介的建議，因為她已經受夠了丈夫的行為，也知道這會影響她女兒以及她和女兒的關係。這孩子醫療危機的時機點促發了心理衛生的轉介，進而發現家庭暴力，並提供這位母親一些協助，以鼓勵她生活在一個安全的家庭環境中。

・艾力克斯

　　艾力克斯與身兼三職的單親父親一起生活，因此他有很多位照顧者。有時候父親會帶著他去工作，留他在卡車上睡覺，直到工作完畢再帶他回家。艾力克斯的父親約瑟是一位認真工作的好男人，他的太太安琪拉三年前因癌症去世。約瑟和安琪拉在家鄉尼加拉瓜還有另外四個孩子，只要經濟情況穩定，他們就會把所有孩子帶到美國來。在太太去世後，約瑟選擇把這個在美國出生的孩子留在身邊；他們一起哀悼，並誓言要完成安琪拉全家團圓的夢想。因此父親全心投入工作，從未拒絕任何一件工作，但在這個過程中艾力克斯便嘗到苦果。他的父親讓他吃飽，有乾淨的衣服和鞋子可穿，同時確保他準時上學。他盡可能努力做好他所能做的，並且全力照顧這個孩子。然而，他忽略了去滋養他的兒子，去抱他、親他、打扮他，並且用眼神、擁抱和情感去讓他體會到失去很久的愛。因此艾力克斯想出了讓自己某些需求獲得滿足的方法：去保健室然後讓護理師和他有眼神接觸、摸他的臉，以及握他的手。最終，這位很棒的護理師理解了孩子對身體接觸和情感的渴望，便將個案轉介給社工，後來父親和兒子都被轉

介去接受治療。他們接受三個月的結構性親子治療（Booth & Jernberg, 2009），很適合他們，後來情況已大大改善。

・美琳達

很幸運地，一位鄰居打電話給警方說可能有一個孩子被單獨留在公寓，警察便上門發現了美琳達。她在急診室接受評估時，她的樣子就像是教科書上所描述被嚴重疏忽的兒童。她受到醫院許多部門工作人員的溫暖照顧，並且在住院期間交到許多朋友。其中特別有一位護理師知道美琳達需要安靜、持續的身體擁抱，因此每天給她這種溫暖，甚至在自己休假期間仍然到醫院將她抱在懷裡輕搖。美琳達在護理師抱著時會全身癱軟，但最終她還是會在護理師進門時尋求擁抱。美琳達一開始的回應是害怕，因為被用安全和滋養的方式擁抱對她來說是件很不熟悉的事情，因此她的大腦對她的身體發出警告訊息，告訴她要保持癱軟以免遭受傷害。護理師持續每天的照顧會讓美琳達的腦部形成新的突觸，而且對身體接觸有了不同的回應，同時也平靜了警告信號並學會信任。

最讓醫院工作人員費解的行為是美琳達用她可以拿到的任何東西塞進私處這件事，後來發現這跟她遭受過持續性虐待有關。我將此行為視為創傷後的行為重演，以及孩子引發別人關注她情況和尋求幫助的方法。我想到一些可能的理由：首先，透過填塞私處，就沒有其他東西可以進入。只有受過創傷的孩子才能想像到這種行動，那是一種簡單卻又激烈的防衛。第二種解釋是單純的重新演出，她用這種方式來告訴所有人她曾經經歷過的侵入。兩種場景都在反映美琳達的復原力特性，那是值得注意且會帶出成長的東西。

・班傑明

　　班傑明的情況被他的攻擊性所掩飾了。他的父母錯誤地假定他的攻擊性和退化行為（尿床）與父母之間最近的婚姻問題有關。他們坦承兩人已經瀕臨離婚，但都很擔心他們唯一的兒子。他們都很希望兒子能夠接受治療，聽到兩人必須參與治療時反而感到驚訝。

　　初期治療階段還算順利，但班傑明顯得比一般九歲男孩更加過度警覺和羞怯。他在治療室沒有出現反抗或生氣；反而以一種超乎尋常的配合度來回應。我們有了一些謹慎的進展，而當我邀請父母進到療程時，他的焦慮依附很明顯。他的父母堅稱這是班傑明以前沒有過的新行為，而且他們不喜歡這種行為，因為他表現得比他們認識的他還要幼稚、不成熟。

　　我持續與班傑明個別工作幾個月，最後他來到沙盤並且在沙上面建造了一座很長、像蛇般的小丘。他在蛇末端做了一個臉，並且試圖用圖畫紙做出蛇的舌頭，但卻做得像是別的東西，有點像是「8」。然後他將這個數字塗上顏色，並將它放在一片黃色勞作紙上，再將它割下來。看起來就像蛇正在沙盤裡漏尿或撒尿。他承認那是一條蛇「一條真的很長、很壞的蛇」。我請他多告訴我有關這條蛇的事情，他說：「就這樣，它很壞。」我指出黃色那片東西從嘴裡跑出來，並且說我留意到他很仔細在做，還切割了兩次，一次用綠色、一次用黃色。他沒有任何主動的回應，於是我問他那是什麼。「我很好奇那會是什麼？」我猶豫了一下然後說：「它在尿尿嗎？」「不是，」他說得很大聲：「如果它是在尿尿，應該要從尿尿的洞跑出來。」「噢，」我說：「你說得對，這是從它嘴巴出來。」「對呀！」他說。在我能說任何話之前，他說：「我要用空手殺死它。」他接著用力打那尾蛇，直到它完全被破壞。「我比看起來更厲害。」他邊打邊說出來。在下一次單元中，他又做出同樣的造型，然後又一直敲打。這個遊戲

似乎很強烈又有焦點。在第四單元結束之前，我做了另一個猜測。「我在想那會不會是嘔吐物從它嘴裡跑出來。」「不對，」他說：「不過你越來越接近了。」過了幾星期之後他才能夠對我說那是「黏黏的白色東西」從「其他地方」跑出來。這讓我們開始談到陰莖和射精，他坦承有一位青少年保母曾強迫他口交。即使班傑明之後從未再見到那位保母，也沒有對父母提到過這件事情，當他描述自己無法將此畫面從腦海裡抹去時仍然心有餘悸。尿床以及打別人這兩件事的結合嵌入他的遊戲中，顯示未解決的創傷素材靜靜地保留在他的心智中。他的想法和感受讓他招架不住，更糟糕的是這孩子的自我孤立。當他終於允許我告訴他父母有關他發生的事情，他投入父母懷裡哭了整整一小時。

當創傷事件發生在年幼兒童，衝擊可以從很輕微到很劇烈。我們知道的是兒童盡力去面對他們的壓力和害怕，也很努力傳達他們的苦惱給周遭的人們。因此，創傷後遊戲或行為可以在多種情境中觀察到，特別是學校和醫院。很重要的是替兒童的行為解碼，同時留意兒童創傷的可能性。

🔵 在治療室的創傷後遊戲

我鼓勵對創傷後遊戲的徵兆要有臨床上的關注，不管它表現的形式為何。由於名稱的關係，有些臨床工作者會假定創傷後遊戲只存在於傳統的遊戲活動中。事實上，創傷後遊戲也會出現在藝術創作、沙盤場景、故事、迷你物件工作，以及兒童的遊戲和人際互動中。因此臨床工作者應該要在臨床情境中發展一些策略來發現、分辨及處理兒童的創傷後遊戲。

麗姿：治療性藝術的案例

麗姿十二歲，曾經在六個寄養家庭居住過，她的母親史黛芬妮接受過

多次藥物勒戒治療但都沒有成功，最後永遠離開她的家鄉。麗姿曾經待在一處寄養—收養家庭大約兩年，大半還相當適應這個家裡有念大學的大孩子的家庭。實際上，麗姿的寄養母親朵拉投注了相當多的心力在照顧麗姿。她是一位有耐心且和善的婦人，丈夫死於突發的心肌梗塞，當時孩子還在念小學。在當時的情況下，朵拉在心中暗自承諾要再長期照顧另外一個小孩，並且珍惜自己當母親的角色。

麗姿是一位聰明、有吸引力且合作度高的孩子。她沒有出現任何行動外化行為，直到她知道母親的親權即將被永遠終止。在她長期寄養在朵拉家期間，她的母親來看她的時間很不規律，而麗姿的因應方式就是表現得很疏離。在一次單元中她坦承：「我不喜歡坐著等待事情發生；假如發生了那很棒，假如沒有，我也不在乎。」很顯然，她已經學會了降低期待，以避免失望的感覺。

多數專業人員會覺得這樣的收養環境很好；他們沒有預想到某件緊急事件造成這個家庭的危機，讓人重新考慮麗姿是否合適繼續與朵拉共同生活。

第一個事件是麗姿出現嚴重退化，在屋裡好幾個房間大便、剪破朵拉的衣服、放火燒掉自己的床墊，而且情況嚴重到必須住院治療。她住院兩星期，穩定之後轉介給我做遊戲治療，因為她無法也不願說出她的經驗。引發因素很可能是個案主責人員告訴麗姿說她母親的親權會被終止。朵拉對麗姿的行為相當困惑。她說自己絕對不會想要做任何一件事來讓麗姿不開心或不舒服。

治療一開始頗順利。我對治療背景做了說明，並告訴她我知道她最近的困難。朵拉在治療室待了十五分鐘，然後知趣地離開。麗姿很害羞但行為良好，她躊躇猶豫的探索房間。她的焦點集中在一個會用奶瓶喝水、然後尿尿的淘氣寶貝（Baby Alive）娃娃上面。麗姿詢問有沒有衣服、毯子

和尿布，我就翻出一些可用的物品。在第一單元她將物品放在一旁，但在隨後幾次單元中就會玩一玩再丟掉。

她最喜歡的常規就是餵寶寶然後讓她尿尿。接下來她會幫嬰兒換衣服、幫她洗澡、洗頭髮，再幫她吹乾和梳頭髮。她似乎很高興一做再做；很顯然這個遊戲幫助她處理了某件重要的事情。

這個遊戲玩了兩個月之後，常規有了改變。在這轉換階段，麗姿要求畫畫，並且決定在畫架上的大張圖畫紙上畫畫。她畫了一些圓圈，填入不同顏色，似乎很投入這個經驗當中。她離開每次單元時都很快樂，而朵拉也留意到麗姿在家裡的行為回復到平常的樣子。我猜想麗姿已經將她對母親的感覺區隔化，除非這個話題再次被提起，否則應該不會再有另一次發作。

我讓她在沒有干擾之下畫了兩個單元。接下來她告訴我要畫花，並且說她要先簡單勾勒出草圖才能畫得很完美。她似乎很投入在這個構想中，也很專注在畫。看她完全投入是一件很滿足的事，雖然我不確切知道畫的內容會是如何，但是很顯然她已經準備好要做創造性的自我表達。

第一張畫顯得無害又簡單：三朵大朵的花從紙張底部的草地冒出來。畫的花是雛菊，花瓣很大。隨著繪畫展開，很明顯有兩朵大的花在左右兩邊，中間的花比較小朵。麗姿很仔細地上色，花了很長的時間讓顏料保持在所畫的圖案裡面。

圖畫中間的小花讓她特別專注並花了很多時間。花裡面是黑色，而外面的花瓣是亮粉紅色。左邊的花正好相反，裡面是亮粉紅色，花瓣是黑色。最後，右邊的花中間有橘色和粉紅色，花瓣有紫色、藍色和紅色。這朵花正是圖畫裡最鮮豔的一朵花。當她畫好圖畫，她往後坐並說：「為什麼我媽媽不要我了呢？」我說這是一個很大的問題，並問她假如她問媽媽，得到的答案會是什麼。她說：「我不知道。」然後補充說：「我的媽

媽喜歡嗑藥勝過喜歡我。」我說：「噢，所以妳認為妳媽媽選擇嗑藥，而不要照顧妳。」她點點頭。我告訴她我可以了解她的這種感覺，但我此時忍住想要做心理教育工作的衝動，因為我看到麗姿握著沾濕的畫筆時眼睛泛著淚水。我只是用手環繞在她肩膀上說：「聽起來妳媽媽在妳的心裡面。」她拭去淚水並說：「只是有時候我在想我到底哪裡做錯，才讓她不要我。」我再次拍拍她的背，並說我可以理解為何她會這樣想。接下來我問她這讓她有何感覺。她說：「傷心，還有生氣！」我向她保證她對母親有任何感受都是可以的，而且她和媽媽之間的關係想必都是相當為難。接下來的時間我們都保持安靜，當她要離開時，我告訴她只要她想談談跟母親有關的事，我隨時都準備好要聽。我也告訴她談談如何面對傷心和生氣的感覺應該也不錯。在那時，她似乎離開得比其他時候都還要快。

在下一次單元一開始，麗姿很快回到她的常規，並告訴我：「我今天不想談。」我告訴她這沒問題，而且她可以選擇要如何運用她的時間。在這次單元中，她回到繪畫，盡可能的做出修飾，重新確認某些線條，並且思考著背景以及她要運用何種顏色。

麗姿持續在畫圖的時候，我留意到左邊的花有一大片黑色，並且比右邊的花有著不同的感覺和能量。她所做的每一項細微改變好像都經過深思熟慮。正如同在先前單元所做，她經常會停下來凝視著圖畫，然後靜靜地看向遠方。

圖畫終於完成了，我拉來一張椅子，希望我們一起看看這張圖畫。我告訴她說多說少都沒關係，她聳聳肩。我提到她很仔細地在畫這張圖畫，也很有她自己的想法。我很想知道她看著最後成品時有什麼感覺。她還是沒有回應，只是要我將圖畫放在治療室，下禮拜她可能會把它帶回家。我私下想幫它裝上框，以便用具體的方式來尊崇她所做的事情。在走出去的路上，我突然有一個想法，不加思索便對麗姿說：「幫我一個忙，今天晚

上睡覺前從小花朵的角度寫一封信給兩朵大花朵，妳可以決定先寫給哪一朵，再寫給另外一朵，祝好運。」

她下次來接受治療時選擇重新接觸繪畫，而且在接下來五次單元都畫圖，並且在畫圖時都用平靜和一致的聲音說話。她的話語創造出一種一本正經的氛圍，一開始是隨意的句子，後來就開始運用完整和連貫的句子。當時我坐在她身邊稍後方位置，也保持她所需要的安靜。就因為我保持安靜，她便有機會能夠主動傾倒而出。以下的重點主題也得以揭露（但我不確定順序）：

她選擇寫一封信給左邊有著黑色花瓣的花。在用非常輕柔、幾乎聽不到的聲音說話時她重新輕觸黑色花瓣。「黑色的花瓣很漂亮」、「有時候植物沒有水就會變黑色」、「冬天會殺死植物」、「有時候它們會長回不同的顏色」、「我喜歡黑色花瓣」、「顏色要漂亮，花瓣很重要……黑色很漂亮」。對她所說的話我有無數種詮釋，但狀況很快明朗，她在恍惚般的自由聯想中處理有關她母親、她母親的過去和缺乏滋養、改變如何發生，以及即使黑色並非花的常見顏色，但還是她自己很喜歡的漂亮顏色等等議題。她似乎正在努力調整心中覺得母親很不一樣、獨特、令人討厭，但即使很少出現在她生命中，卻仍是她重要的依附對象這種很矛盾的心情。她在圖畫中所使用的隱喻似乎象徵著她對母親的渴望，以及當她發現母親即將永遠在她生命中消失這件事所引發的危機。

圖畫幾乎就像是對母親的示愛之信，也代表她與母親之間永遠的連結。相反的顏色同樣是這種情感的例子，圖中有三朵花長在一小片土地上。她的圖畫也顯示出她正在轉向新的依附對象朵拉，並且她有能力從母親那裡轉而完全擁抱與朵拉的永久共同生活。麗姿最終邀請她的寄養母親進入單元來「認識」她的圖畫，並要我們三人坐在畫架前面。麗姿告訴朵拉：「拉一把椅子過來，我們才好一起看看這張圖畫。」朵拉同意並且傾

聽麗姿說明，左邊的花是生下她的母親，右邊的花是即將取代她生母的朵拉。不一會兒，麗姿坐在朵拉的膝上，像個小小孩一樣玩朵拉的頭髮，然後共同決定要把這張很重要又可愛的圖畫掛在家中哪個地方，這張圖畫幫助麗姿得以用她獨特的方式面對創傷性的失落。

德瑞克：遊戲治療的案例

　　六歲的德瑞克最近才知道父母要離婚。他的反應很強烈──跑到樓上房間、鎖上門，幾小時不出來。爸媽坐在他房間門口勸他，但他還是大聲哭泣，直到父親說要離開了，這時德瑞克衝出房門，踢了父親一下，對母親吐口水，然後不停尖叫──聲音大到鄰居都跑過來看看究竟發生什麼事情，這才暫時讓他安靜下來。他父親的行李已經打包好，當晚就離家搬到開車兩小時遠的新公寓。德瑞克的母親原本想用不一樣的方式告訴他這件事情，但她自己也感到苦惱和擔憂，一直想不出更好的計畫。在離婚的消息宣布之後所有事情變動得很快，父親立即搬出去，母親也回到她原本的工作崗位，因此德瑞克放學之後就由一位兒童照護員督導，而他們的房子也必須轉手。德瑞克的主要表達方式是生氣，對她母親又踢又推、大叫，甚至經常拿東西丟她。在離婚後兩個月當中德瑞克只見過父親兩次，一部分因為父親還在讓新公寓就緒，一部分因為工作升遷使得他必須花更多時間在工作上。

　　我見到德瑞克是在他父母宣告離婚之後第三個月。儘管治療室裡面的玩具顯然撫平了他抗拒的心情，他對於接受治療還是頗不高興。前兩次單元他用來探索房間，把玩具從櫃子拿出來散得到處都是，一樣看過一樣。當我在第一次單元問他為什麼要來見我，他說：「我不在乎。」當我問他是否知道原因，他只是聳聳肩。我告訴他母親有跟我說她和父親要離婚的

事，德瑞克對這件事非常痛恨。我說話的時候他看著我，我繼續說：「你真的有權力可以覺得生氣，離婚爛透了！」他走開並開始四處張望。

　　有時候這位既挫折又擅長口語表達的母親怎麼對我描述德瑞克的行為，德瑞克一點也沒令人失望。每次單元她總要先花十分鐘告訴我德瑞克出現的破壞性和惱人的事情，因此我寄給她一封郵件，要求她每次填寫一頁的問卷，這樣我就可以在每次單元開始之前讀到這份資料。問卷裡的問題包括：「妳兒子這星期讓妳高興的事情是什麼？可以告訴我一件妳和他發生的一件快樂驚喜嗎？妳可以列出三件原本擔心但已正在改善的行為嗎？」最後的一個問題是：「目前妳對德瑞克的行為有任何擔心嗎？」母親回應了我的要求，因此能夠開始發現德瑞克的正向改變，但她在回答最後一個問題時總是寫一大堆。德瑞克的母親其實也很掙扎，她覺得孤單一人在照顧這個生氣的孩子。讓她更感挫折的是德瑞克開始在父親面前表現得很順從，因此父親持續指控她不懂如何照顧孩子。

　　我要求母親在德瑞克接受治療時去見一位治療師，她同意找人談談，但希望那位治療師年紀稍大一點，而且本身有小孩且經歷過離婚。我們剛好有治療師滿足這些條件，因此她很快發現自己更知道該如何處理兒子的問題。對母親的平行治療很有助於德瑞克的治療。至於德瑞克的父親，他堅持自己太忙而無法一起接受治療，並且認為德瑞克「還不錯啊」。

　　德瑞克是一位很有主見的孩子，聰明且有創意，並且很喜歡笑。他也懂得操縱情勢來滿足自己的需求，在遊戲裡耍點詐，而且在用口語表達他的感受上有強烈矛盾。我運用一些表達性技術來幫助他發現及表露對事情的感受。特別是「彩繪你的感受」技術（Hopkins, Huici, & Bermudez, 2005），讓他有機會表達他對於父親原本一起住在家裡但現在卻一個人住公寓的感受。有趣的是他的繪畫也很有一致性，之前和之後的感受幾乎分不出來。當我指出他所畫的圖都很類似，他一開始把它們丟在地上，然後

又丟在沙裡。隨著時間經過，家庭動力的一個更完整圖像出現，顯然離婚對這個孩子來說並不是一個意外。後來發現這對父母已經分房睡覺長達一年，彼此生氣時用「冷戰」的方式處理，而且父親幾乎都把時間花在他那非常耗神又競爭的工作上面。父母雙方也確認這些事實，並且認為他們早在幾年前就應該要離婚了。

　　想要跟德瑞克直接談論離婚事件的任何努力都徒勞無功，但是他找到某些有創意的方式將離婚議題帶入臨床情境中。德瑞克探索過娃娃屋好幾次，有時候清出所有家具並丟在地上，有時候把東西搬來搬去。有一次我故意將兩個成人物件和一個小孩物件留在娃娃屋，我確定他們就像是德瑞克和他的爸媽：男孩就像德瑞克一樣有棕色頭髮，母親是金髮，父親是棕色頭髮，兩人看來很年輕。我大驚小怪地說有人把玩具留在娃娃屋沒有收好，並告訴他我很生氣有人沒有整理好。「看這裡，」我說：「有人把一個爸爸、媽媽和小孩留在娃娃屋了！」我伸手要去拿，德瑞克說：「等等，我看看。」他拿起每個娃娃看了一下然後說：「沒關係，它們可以留下。」我說：「好。」這單元稍後他問我有沒有橡皮筋，我說：「嗯，我身上沒有，放在別的地方了。」然後他要求我提供膠帶給他。他拿著膠帶並且將兩個娃娃面對面放著，再用膠帶一片片黏上去，直到將父親和母親物件牢牢黏在一起為止。他很自豪地拿給我看：「『現在』它們必須一起留在屋裡了。」我表示同意，它們就被放了回去。我問他是否還需要橡皮筋，他說要，因此我答應下次會拿來。在將黏住的兩個物件放回娃娃屋時，他把它們放在雙人床上面並說：「我下次回來時它們最好還在！」我說：「嗯，你知道規則，在這個房間裡面，玩具玩過之後應該要放回去。」他想要協商：「好吧，那我們把它藏好，就沒有人會看到。」他拿著床和黏著的兩個物件，然後找到一處絕佳隱藏位置。「放在這裡就沒有人會發現。」他說得沒錯，的確沒人發現！

　　隔週他很興奮看到他黏起來的傑作還在他藏的地方，也很興奮我真的帶了橡皮筋給他。我真的毫不誇張，他花了一整個單元把橡皮筋套上那對夫妻，直到整個變成圓圓的。我的工作就是遞給他橡皮筋，而他的工作就是不斷套上那對夫妻，直到變成更大的圓球。他在下一次單元才完成整個計畫，然後說：「好，我們來玩接球。」一開始是簡單的接球遊戲，後來變成相當強烈的玩法，因為他開始把橡膠球丟向牆壁，因此我必須將丟球單元移到治療室外面，好讓他可以使用外面的牆壁。他丟球的力道越來越大，直到他累癱而倒在地上。「我恨他！」他叫著。我問：「他是誰？」「我爸爸！我恨他！」我告訴他有時候我們會對我們所愛的人懷有強烈的感受。「我不愛他，我恨他！」我問他最恨父親什麼，他回答：「他搬得離我們很遠。」我坐在他身邊說我很遺憾他對父母有這麼糟的感受。他大叫著：「他們應該要一直結婚的。」我重複他的話：「我知道，父母應該要一直結婚的，若是他們做不到，受苦的是孩子。」出乎預料的，他突然跳進我的懷裡，我抱著他說我覺得很遺憾。

譚咪：沙療的案例

　　七歲譚咪的父親最近在空軍布署任務中受傷。她的母親是國小老師，而譚咪有一個十二歲的哥哥麥可，還有一個大她兩歲的姊姊葛瑞絲。譚咪的母親由於丈夫連續五次出布署任務而變得非常憂鬱。在過去一年以來，她拜託她媽媽（也就是譚咪的外婆）照顧兩個比較大的孩子。譚咪是早產兒，因此母親自從她生下來之後就一直很保護她。譚咪一直是個好學生，但老師打電話到家裡說譚咪近來在課堂上似乎顯得憂愁、無精打采和不專心。基於擔憂她行為的突然改變，老師建議譚咪的母親帶她去找諮商師。母親相當配合，尤其對於她沒有精力和專注力可以照顧自己的孩子，她也

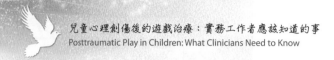

感到很憂鬱。

在初次晤談中，母親的憂鬱可以從她平板而單調的聲音中聽出來。她小心地拭去眼淚，說話也很輕柔。她描述自己目前不想動、很想睡，而且缺乏動機。對於她每天勉強自己下床去上班，我給她很大的鼓勵。她說自己有三個孩子，丈夫不在家時她必須有額外的收入。她形容丈夫全心投入空軍服役，也提到他好幾次的布署任務。我詢問她是否從其他空軍軍人的眷屬那方面獲得一些社會支持，她回答自己在附近認識不少空軍的太太們，但自己也沒有時間可以和她們聯絡。「我可能回絕太多次邀請，現在她們都不找我了。」她說曾去過空軍輔導聯誼會，但是現在不好意思再回去。「我不應該再要求什麼幫助，我已經算幸運了，我丈夫現在已經回家，雖然受傷，還是會好起來。」她敲敲木頭（譯註：表老天保佑、祈求好運之意），我說很高興她丈夫的傷會好起來。但是我也告訴她我擔心她認為自己不該再接受幫助，只因為她認定諮商師會因為她「又來」尋求協助而評判她。我希望她考慮在女兒接受治療期間自己也接受諮商，但她回答真的抽不出時間。既然她這麼回應，我告訴她我很欣賞她能夠為女兒撥出時間，也建議我們偶爾見見面，了解一下她的情況，也把女兒的進展告訴她。當我問到她丈夫對女兒接受治療的看法，她說：「我們兩人都覺得她需要幫助，我看得出來，我們兩人都看得出來她有些狀況。」她沒有提到太多她自己的擔憂，反而說她信任老師，並認為她女兒正在經歷某些苦惱。

見到譚咪的時候，我發現她是一位甜美、很配合的孩子，個子稍小一點。她仰望了我一陣子，想著下一步要做什麼或說什麼。我試著讓她探索遊戲室，但她不斷尋求指示。有好幾次她拿起一個玩具看，又小心地放回去，然後謝謝我讓她玩玩具。她似乎對沙箱非常好奇，但剛開始不太願意靠近它。最後她試探性地把手指放進去並挖出一個小洞，卻又很快用沙蓋

住。我把手放進沙盤並且自在地移動，向她示範不用那麼小心謹慎。她花了四次單元才讓自己很自在的可以選擇自己的活動。她似乎對沙箱最感興趣，每次見到我都會把手指放進去，有一次，她問我是否可以放東西進去沙盤。她放進兩隻小馬並讓它們躺下，同時用沙子小心地蓋住它們。她又拿了一隻公牛放到沙盤角落，和小馬距離很遠，再用沙子蓋住。接下來她拿了一隻母羊和一隻小羊，並將它們放在沙盤的另一頭，也用沙子蓋住。她拍拍沙子，於是從外面一點都看不出動物埋在哪裡。她拿起一輛車子並讓它在沙盤上跑來跑去，但似乎都不會從埋動物的地方輾過。她在做這些動作時很安靜，我表示有兩隻羊、兩匹小馬和一隻公牛，她只是點點頭。我提到它們在不同的地方，她又再次點頭。在第一次用這五個物件玩遊戲之後，我留意到總共有五隻動物，一隻落單，其他是兩個一對。她拍掉手中的沙子，離開時臉上帶著一抹微笑。她沒有問下次她來時這些物件是否還會在，也沒有問是否應該將物件返還適當位置，而這兩個問題是第一次玩沙盤的孩子經常會問的問題。

接下來六次單元譚咪用同樣五個物件創造重複的場景，每一次都同樣很安靜。在把它們放進沙盤之前，她會坐在椅子上撫摸那些物件，每次花的時間也差不多。遊戲很單調和僵化，而譚咪也從來沒有改變過進行方式。大約在第三次單元，我說：「公牛單獨一個不知道心裡會有什麼滋味？」她坐回椅子，走到角落，伸手將公牛拿掉，用別的物件取代它。她沒有回應我，在行動時也不喜歡跟我說話。在遊戲室裡做沙盤時，她的話都不多。當我們走出遊戲治療室而來到一間放有椅子和沙發的房間時，她有時候會爬上沙發並且問各種問題。有一天她說：「你有見過其他小孩，他們的父親是軍人嗎？」我告訴她：「有啊，我見過有些孩子，他們的爸爸或媽媽是軍人。」「媽媽在打仗？」她不敢置信地問。我說：「對啊，有些母親也在部隊工作。」這次單元結束之後，她直接衝去告訴媽媽這件

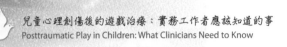

事情。另一次她問我有沒有孫子女，我說有，她還問我他們幾歲，我也告訴她。她告訴我她的外婆住很遠，我問她有沒有去看外婆，她說：「現在沒有，她很忙。」我問她外婆在忙什麼，她就跳下沙發，說她該走了。她不願祖露任何個人訊息這對我來說有點特別，但她的遊戲似乎已經呈現她的某些家庭動力：兩匹小馬可能是她的哥哥姊姊，兩隻羊可能是她自己和母親（她說是大羊和小羊），而最遠的那隻公牛可能是她父親。我的工作假設是，與父親和手足的分離讓她和母親形成一種親近的連結，而母親經常感到憂鬱、脆弱，常常無法照顧好譚咪。當父親不在家的時候，這個小女孩很可能將自己視為母親的照顧者，而且哥哥姊姊也無法就近幫忙。

當譚咪的遊戲繼續下去，而且從椅子上凝視的時間越來越長，這個假設就越來越有道理。在這個孩子身上出現一些情緒上的距離，這似乎不太尋常。大概在第八次單元，她正在凝視隱藏起來的物件時，我大聲說出，這些物件是否知道其他物件其實靠很近，雖然它們彼此看不到對方。她起先沒有回應，但接下來她開始在它們之間鋪上一些石頭，在沙子上面製造出一條條通道。在她離開單元的時候，她把石頭留在原來的位置，並要求我保證沒有人會把那些石頭拿走。

這些通道變得越來越精緻，鋪有一些小石子。她又放了一些橋、籬笆和樹木。沙盤變得比較有能量（物件之間的移動以及她對創作的投入），而且她會從椅子上起身到處看看迷你物件，再擺更多物件到沙盤上面。接下來我評述在沙子底下和沙子上面有些什麼正在發生。在那次單元中，她走到每個隱藏的小物件旁邊，然後用刷子清掉一些沙子，讓每個物件都露出一點點。這些物件最後終於稍微可以被看見了。

一旦沙盤有了新風貌，她就比較能投入與我的互動。有時候她不再走到另一個房間的沙發上談話，反而在遊戲室裡到處走動並且跟我談論不同的話題。

大概在單元十三，物件在被埋了一小段時間之後就得以浮現出來。我留意到便說：「噢，它們出現了，我很好奇它們看到了什麼。」「彼此。」她說得一副理所當然的樣子。「它們看到彼此的感覺如何呢？」我這樣問。她說：「它們不知道，已經很久了。」我重複說：「噢，所以它們再見到彼此時不知道要怎麼想或怎麼感覺。」「害羞，它們看起來不一樣了。」她說。在這當下，她逛進另一個房間，在我跟著她走的時候她問我有沒有跟父親住在一起。我說：「現在沒有，我小時候有。」她問：「他死掉了嗎？」我說：「對。」她告訴我：「我爸爸差點死掉。」「噢，我不知道這件事。」「我媽以為他回來的時候會裝在一個箱子裡面，上面還蓋著國旗。」「噢，所以妳爸爸不在家的時候妳媽媽很擔心他。」她說：「我也是！我擔心他還是會死掉，還有我媽媽也是！」

她走出房門，而我很高興她終於說出放在她腦海裡面的事情。我留意到她很掙扎著釋放這些訊息，而且當她說出一些重要事情時就會逃避跟我接觸。我在心中提醒自己要找時間與她父母討論如何支持她，畢竟她忍受了這麼大的壓力。我也很想知道有關她手足的事，以及他們何時可回家，還有他們怎麼告訴譚咪為何哥哥姊姊必須離開。

我先單獨見她爸媽，之後我見了整個家庭。在與父母會談的過程中，我們談論了我的一些觀察和擔憂，一開始是談到孩子吸收了許多有關戰爭、安全和危險方面很有壓力的訊息，還有其他有關家裡的訊息。我也告訴他們，孩子特別會專注在父母身上，並且確保他們過得快樂和安全。我提到譚咪在過去一年有許多壓力源：父親的布署任務有危險性、與手足分開，以及母親的憂鬱。我告訴這對父母，我認為對他們女兒的心理健康很重要的事情是要開誠布公地對她說出家裡發生的一些事情。我也提到他們家庭在面對（或不面對）壓力源時習慣逃避，但這種習慣其實會帶來反效果，因為這會累積出許多未表達的感覺。父母很能接納我的回饋，於是接

下來會安排一系列的家庭治療單元，目標是創造出譚咪與父母之間的滋養和同理互動，以及提供有關父親工作狀態（他不會再出布署任務）、母親憂鬱的改善狀況，以及手足為何會被送走（母親覺得無法照顧他們）的正確訊息。譚咪也問了許多問題，包括為什麼母親總是很悲傷。最重要的是，她想知道哥哥姊姊何時可以回家。譚咪也很想知道父親是否喜歡住得離家很遠。所有這些重要卻又令人困惑的問題都獲得釐清，而譚咪也因為討論這些而獲得極大助益。六個月之後她的哥哥姊姊都回家了，譚咪問她母親他們能不能來參觀她的「特別遊戲室」，而我也欣然同意。

保羅：迷你物件工作的案例

十二歲的保羅被轉介來接受治療，因為他目睹了哥哥被槍殺身亡。保羅、他哥哥和家人住在一個高危險且低收入的社區，他們的單親媽媽兼任兩份工作才得以勉強維持生計。保羅十九歲的哥哥山姆在十歲的時候就被帶進幫派，直到最近才脫離幫派，但很不幸地，他脫幫的動作最終還是引發了暴力和悲劇。保羅也留下了很強烈和棘手的情緒問題。保羅和山姆感情很好，因為山姆總是像父母般照顧弟弟。保羅的母親在山姆去世之後盡全力安撫保羅，但保羅還是無法平復，開始出現一些極度衝動的行為。

保羅在學校裡會在下課時間引發打架衝突，他會去挑釁同儕，像是用石頭或垃圾丟同學。他會使用煽動性的語言不斷威脅別人。半數時候會傷到別人，另一半時候會傷到自己。所有他的挑釁行為都針對比較年長或個頭大的男孩，而且通常找不出什麼理由來解釋這些暴力互動。他的老師很能夠理解他，也知道他哥哥被槍殺的事情，因此她會盡可能給他平靜下來的機會。但是保羅心中有強烈的憤恨和巨大的無助感，他對這世界氣瘋了，無法被安撫，內在充滿了憤怒、悲傷及恐懼的強烈情緒。

在一次停學之後，學校校長告訴保羅的母親必須帶保羅去接受治療，才能夠再回到學校。在此壓力下，母親聯絡了她的表弟，因為她表弟的兒子也在接受治療，當然是由於不同的原因。母親因而聯絡我們的辦公室來尋求對兒子的幫助。在見過母親之後，我把她兒子轉介給我所督導的一位男治療師。他們見了面，母親充滿了信心。在此案例上我密切與我督導的治療師一起工作；他的創傷後遊戲記載如下。

保羅很不願意接受治療，這從他的行為就可以很明顯看出來。他口出惡言、行為推託，還會破壞治療室的規矩。我的實習生大衛表現得有耐心、平靜，行為前後一致，維持規則，而且只要沒有對自己或別人造成危險，就可以接納保羅的自我表達。保羅盡其所能將限制逼到極限，有一次他很誇張地甩動雙手，結果打到大衛的鼻子，害他流了很多血。保羅心想這下麻煩了，便衝出遊戲室跑去等候室。大衛手裡搗著手帕跟著保羅，並且告訴保羅下週見。載送保羅的人問究竟發生什麼事，大衛只說：「只是一件意外，沒什麼好擔心的。」對意外事件的這種不在意態度很可能對保羅產生了衝擊，因為下一週他的行為就沒有那麼叛逆。每一週就像是前進一步後退三步一樣，直到保羅開始在他的遊戲出現非常僵化的常規：他會進入房間，踢一下垃圾桶，拿一隻恐龍布偶，然後用一些小布偶塞進恐龍的嘴巴，像是瓢蟲、老鼠或小鹿。「我要把這些擠進你的喉嚨，直到你吐血為止！」接下來他會讓布偶嘔吐，然後不斷打布偶巴掌。「你做了那件事，你簡直不是人，現在你就要好好收拾這爛攤子！！」三個小布偶會跑掉，跑去翻覆的垃圾桶下面，就可以完全藏起來。「如果被我看到屁股，就會被我剷除掉！！」做完這些之後，保羅會想要跑出去，便開門飛快離開；大衛知道要跟上他的速度，以免他跑到停車場去。後來，保羅和大衛發展出一系列與丟接有關的身體遊戲。保羅很擅長用左手，丟球很有準度和速度。大衛會去接球，也鼓勵保羅把球丟高，這樣他們倆就都可以跑著

去接球。

　　保羅的常規持續了數月之久。所幸，大衛在學校所做的努力以及保羅的母親這兩方面開始有些進展；保羅的暴力行為在頻率和強度方面都有減少。大衛相信某些重要的事情正在治療中發生，而讓他確信這個事實的是布偶遊戲已經轉變成有一隻「凶猛的獅子」出現，這隻獅子會阻止小布偶被吞入其他布偶的嘴裡。獅子大聲吼叫、震動四方，直到布偶放掉小布偶，然後獅子就一隻接一隻將它們帶到房間的角落。在它們都到了角落之後，保羅幫它們蓋上毯子，這樣就不會被看見。獅子接下來就安撫它們，並且告訴它們不會再受到傷害。那隻獅子很清楚是保羅的哥哥，在過去曾經一再地解救和保護他。隨著時間過去，獅子開始在遊戲室裡做許多其他的事情，直到遊戲結束，而保羅也對與大衛的兩人治療變得更感興趣。

● 結語

　　兒童的創傷後遊戲可以在臨床情境中明顯看到，就如同在他們的家庭或學校等自然環境一樣。創傷後遊戲通常比較戲劇性且帶點強迫性質，但有時候它經過偽裝、很安靜，很容易被忽略。臨床工作者必須留意這類遊戲的出現，並且準備好展開和促進臨床上的處理。

Chapter 5

更大的治療脈絡——
創傷後遊戲的系統取向

性受虐兒童非加害父母的支持、安慰、指導和滋養是療癒的必要元素。在第一類（Silverman & La Greca, 2002; Vernberg, 2002）及第二類創傷（Cohen & Mannarino, 1998, Lanktree & Briere, 2017）中，兒童症狀行為的出現及延續與父母支持的類型和範圍以及整體功能有相關。特別是複雜的創傷，其家庭系統裡的依戀可能有問題，親職教養也可能很不一致或甚至是疏忽（Blaustein & Kinniburgh, 2010）。越來越多的文獻提到，復原環境——特別是父母功能——比事件本身的性質對兒童創傷後的適應更為重要（Cohen, 2009）。

父母參與的重要性不言可喻。孩子需要父母的支持是理所當然，因為孩子深受父母的影響。一旦有壓力、傷害、困惑或創傷的事件發生，孩子需要父母安慰他們說一切都會回復正常。幼兒需要父母一再的安撫和保證；較大兒童在經歷困難之後也同樣需要父母。因此，強化父母的能力，特別是與滋養和同理互動有關的事項，是極為重要的事情。

沒有什麼情況會比一個人際創傷經驗（在複雜的創傷中則是重複的經驗）更能造成失衡，兒童在這當中會感到無助、困惑及脆弱——渴望安全、指導和鼓勵。假如兒童能獲得可信任父母或照顧者的指導援手，他們將可以更快復原。

很多人認為親子兩人一起（dyadic）的工作並不是必要的介入。提供給父母的典型服務就是以單獨或團體的方式給予他們書面或口語的心理教

育，並且鼓勵他們對孩子提供敏感、適切且與創傷相關的方法。我覺得過去一直太過依賴這種方式，而太少提供親子兩人一起的介入或家庭治療。提供給父母的資料通常沒有被完全弄懂，而且服務也沒有長期提供，但其實這些努力對於家庭關係的恢復及改善相當關鍵。我發現也使用了近年來的一些理論方法，其中包括用一種可及和務實的方式來從事心理教育（Blaustein & Kinniburgh, 2010; Siegel & Bryson, 2011）。

　　Lieberman 和 van Horn（2004b）針對目睹家暴的兒童發展出一個實證取向的治療方案。他們的焦點放在親子兩人（parent-child dyad），引導他們一起遊戲，並且採取精神分析的取向，在當中運用詮釋。這個方案直接試圖讓親方重拾權威及滋養的地位。Lieberman 和 van Horn 提到在家暴的諸多案例中，孩子會因為經驗到父母一方成為另一個受害者而受到影響——母親受害通常會干擾到母親對孩子的保護（請參見本書第六章及第十四章）。

　　假如是兒童期創傷，很重要的是讓父母重拾值得信任且能夠保護孩子的成人角色。這樣可以促進依戀，並改變孩子的內在運作模式——孩子對世界以及在世界當中的人們所抱持的觀點。

　　另一個實證取向的方案是針對第二類創傷（特別是身體受虐或被疏忽的兒童）的親子互動治療（Eyberg, 1988）。另一個將遊戲治療視為療癒因素之一且很有發展性的兩人治療包括親子遊戲治療（原創性的家庭治療，致力於年幼兒童與其父母之間的關係；Guerney, 2000; VanFleet, 2013），以及親子關係治療（Bratton, Landreth, Kellam, & Blackard, 2006）。這兩種模式針對受創傷兒童有很大的適用性，雖然一開始並非為此族群所設計。

　　另一個已被廣為接受且已納入吉兒機構創傷焦點治療方案的兩人治療就是「治療遊戲」（Theraplay）。在強化或建立依戀模式方面，它有獨特之處（Booth & Jernberg, 2009）。

本章會討論在對兒童的家庭工作以及更廣的治療服務脈絡下利用創傷後遊戲。我的基本前提是兒童需要有真正的機會去自行運用創傷後遊戲，一旦這能夠發生，主要照顧者能夠幫助孩子分享敘事，並因此得以幫助孩子有個結束，這對孩子是最好的。臨床工作者必須好好評估父母提供同理及以兒童中心回應的能力。父母對治療意見的接受度以及他們對孩子的情緒投入，將會決定治療是否出現正向結果。第六章到第十三章的案例說明會呈現父母的回應，以及父母將孩子的需要置於他們自己的需要之前的能力這些方面的各種狀況。

針對兒童期創傷的系統治療，我發現下列方法很重要。

兒童的個別治療

兒童需要有機會做些自己的初期工作——一個不受成人的期望和要求干擾的地方。專業人員接下來就要評估父母對孩子提供有效回應的能力。與孩子一起接受家庭治療的父母或照顧者通常比較有動機幫助孩子，也比較能夠提供安全和適當的互動給孩子。然而，還是經常看到父母帶孩子來接受治療，卻對孩子的需求有太多自己的想法，並且直接或間接表達這些期待、害怕及希望。現實情況是，在復原方面父母往往與孩子有不同的時間表。他們的焦慮很容易被年幼兒童感受到，因為孩子本來就很會看穿父母的情緒狀態、渴望或擔憂。因此，焦慮父母的孩子可能會發展出他們自己的一套焦慮（Wilson & Lyons, 2013）。很在意的父母可能極度渴望有更多了解，很想立刻幫助孩子，也很希望知道孩子的內心深處究竟怎麼了。有時候他們會想要孩子快速並完全「了結」他們的虐待事件——父母對臨床工作者最常出現的要求就是幫助孩子忘掉發生的事情。孩子和治療師同樣可以感受到父母的壓力，不管有沒有說出口。父母通常會認為自己把悲傷或擔憂藏得很好，但其實孩子在家裡常常是一位絕佳的偵探。

　　我曾經治療過一些孩子，父母一起在治療室會壓抑他們的表達。這種情況其實跟父母做了什麼沒太大關係，比較有關係的是孩子不斷在觀察父母對他們所說和所做的事有何感覺。有時候父母並未覺察到自己的非口語表達；他們覺得只要自己沒有直接對孩子說什麼，他們就不會影響到孩子。太常見的情況是父母說：「我答應絕不干預。」但卻是在角落裡隱然逼近。父母會在聲調、姿態或身體訊號中傳達出他們的焦慮、期待、要求、害怕及擔憂。孩子很會讀取父母的線索；他們通常比父母本身更早知道父母的感覺。有時候父母無法控制自己的回應，在孩子最需要他們協助的當下，父母可能也有自己的兒童期創傷記憶浮現出來。基於這些理由，最好在一段期間裡有機會讓孩子單獨表達自己的想法。

● 父母的平行工作

　　在我的經驗中，兒童的創傷經驗可能會啟動父母和家庭很廣範圍的反應、疑惑及擔憂。很常見且最讓人擔心的父母議題剛才已有提到：父母的創傷史。有些父母清楚記得受虐經驗，而且花了很大的心力處在過度保護的姿態裡。在某些極端案例中，保護成為他們身為父母的唯一重點。他們覺得身心交瘁，因為他們保護孩子的巨大心力終究還是失敗。他們可能會感受到無與倫比的罪惡感和恐懼，因為他們覺得將來再也無法保護孩子。

　　有些父母情況正好相反。他們區隔化並封存自己的受虐經驗，試圖逃避痛苦或不舒服。一旦他們的孩子受虐，過去的回憶排山倒海而至，而這些回憶可能以強烈情緒、清楚思緒、模糊影像或不尋常身體知覺的形式表現。因此，對這些父母而言，過去創傷的突然湧現會很有破壞性並帶來不穩定，導致他們無法面對孩子的需要。Stover 和 Berkowitz（2005）很有同理心地提到：「雖然很難，但還是必須確認父母和孩子症狀之間的關係。焦慮症狀有可能會從照顧者傳遞到孩子，因此評估者絕對不可以只依賴照

顧者的陳述，而必須對個別孩子實施完整的衡鑑。」（p. 708）另外我要補充，父母的完整衡鑑也很重要，畢竟我們相當依賴他們取得孩子的進行狀況及改善情形。

剛恢復受虐記憶的父母因而開始一段與其受虐孩子類似的平行過程。然而，孩子正亟需穩定、支持、平靜及有自信的父母來引導他們度過創傷經驗，父母可能有心想幫助，但是他們也感到力不從心，因為自己尚在掙扎著維持情緒上的平衡。因此，必須提供父母支持式的引導，並且鼓勵他們參與結構式（有時候是短期）心理治療，以便提供接地效應（grounding effect），並且幫助父母在處理自身的情緒需求同時也能夠兼顧孩子的最佳利益。Lieberman 和 van Horn（2004a）提到有實證研究發現暴露於創傷情境的幼兒園兒童出現的症狀，可以由母親的心理功能加以預測。他們認為「促進母親協助孩子因應創傷的能力，應該會對孩子的復原有所助益」（p. 123）。

● 在關係脈絡中創造一個有組織的敘事

在處理受創兒童時，專業人員對於相關的有益因素已經達成共識（Lanktree & Briere, 2017; Ford & Courtois, 2013）。這些因素包括：讓依戀對象幫助受創的孩子；處理症狀行為；幫助孩子處理創傷經驗，以恢復創傷前的功能；以適當的認知理解來創造一個有組織的敘事；以及鼓勵某些類型的表達。事實上，表達性治療特別適合用來提取困難的創傷記憶（Nader & Pynoos, 1991; Badenoch, 2008; Chapman, 2014b）。

創傷專家最一致的看法（有此領域的研究支持）可能是臨床工作者必須正面處理創傷記憶，這個過程的核心就是幫助個案對發生在自己身上的事情創造出一個有組織的連續敘事。關鍵的因素似乎是認知重構，也就是挑戰年幼兒童在創傷期間形成的偏誤想法（Cohen & Mannarino, 2008;

Cohen, Mannarino, & Deblinger, 2006）。我在早期生涯中處理過許多成人創傷倖存者，我發現那些成人經常是帶著與創傷有關的某些認知偏誤長大，其中最明顯的是他們在造成虐待延續或容讓它發生當中所扮演的角色。對複雜創傷的倖存者所做的適切治療，包括重新看待並挑戰因幼小心靈知覺和認知能力受限而形成的根深蒂固想法及感覺。假如放著不處理，這些創傷經驗很可能會影響個人的內在運作模式。因此，不管有沒有接受治療，兒童期創傷沒有獲得解決的個人經常會有關係上的困難，以及行為情緒調節、自尊及解離方面的問題。

最可靠常見的證據取向治療方案之一，就是創傷焦點認知行為治療（TFCBT; Cohen et al., 2006）。這個模式在一開始就讓父母參與，並且對接受治療的孩子和家庭提供心理教育。要能成功實施 TFCBT，父母的角色不可或缺，這也是所有兒童創傷治療最重要的一個因素。

我認為將父母納入孩子的治療過程很重要，但有三個提醒。第一，孩子在一開始應該要接受兒童中心遊戲治療取向的個別治療；第二，在參加聯合治療之前，有創傷史的父母本身必須要接受個別平行治療；第三，創傷後遊戲必須優先處理並且被促進。一旦孩子及父母或照顧者的個別工作已完成，聯合治療就會對家庭健康有莫大幫助。最後，心理教育的時機及實施方式必須慎選，最好包含有體驗性的治療內容。

聯合敘事分享

我與兒童及其家庭工作的特別取向經過多年的發展，而我也深深了解到家庭的復原必須經歷確認（acknowledgment）、處理（processing）及結束（closure）。我曾經看過許多家庭在兩個方向的錯誤：想要逃避兒童期創傷的痛苦和困難而希望提早結束，以及完全逃避結束。後者的情況會讓創傷占據最重要的地位，好像從創傷事件發生點之後，孩童的所有發展都

與創傷脫離不了關係。很明顯，兩個極端都不是健康的方式，而預防極端回應的最佳方式就是與家庭系統一起努力朝向解決及最終行動。

在最適切的聯合治療中，父母和孩子必須準備好對彼此或其他家人表達出他們對事件的觀點和感受，不管是用何種方式。聯合單元的時機必須慎選，以便參與者已經準備好可以彼此開放表達。要確認出個案的疑惑或擔心，以及獲得釐清或支持所需的特別需求。這個過程在第十四章有詳細描述，它相當有助於達到完整的家庭修復。

● 更大的家庭系統

多數兒童期的人際創傷有超乎當時受害的長久影響。創傷會對更大的家庭系統產生漣漪效應：內外祖父母、叔伯嬸姑、堂表兄弟姊妹，以及家庭的父母親雙方親人。如果是家庭內創傷，諸如身體及性虐待或是疏忽，明顯的困難就是孩子的可信度、家庭成員對保守家庭祕密的觀感，以及家人對接觸法務人員的反應。諸多問題會因而產生，包括隱私議題、誰應該知道、應該說到何種地步，以及應該尋求哪種協助資源。基於文化背景的不同，有些父母或照顧者會覺得讓別人知道或尋求協助是一件很怪異的事情。對於讓公共服務人員涉入自己的生活，家庭成員可能會感到不信任或害怕。文化信念會影響家庭成員如何回應危機介入，也影響他們對正式治療方案的接受度，更會影響他們對其他兒童保護機構的態度。舉例來說，家庭本位服務很受歡迎，目前也實施在很多兒童創傷案例當中。之所以發展出這種服務，是擔心把孩子送走，而且其實還有其中一位父母願意用適當的方式來照顧孩子。然而，對許多父母而言，包括家庭本位服務都代表著人們對他家庭的一種「入侵」，也往往挑戰了有關自我效能及家庭隱私的文化傳統。現實情況是，複雜的創傷會對家庭成員引發許多複雜且深具挑戰性的議題，他們會對提供的服務及提供者感到困惑、身心俱疲、羞愧

和矛盾。我一般主張要仔細評估何種服務及服務提供者對我們所要幫助的家庭比較有助益。

在對兒童及其家庭提供臨床服務時，這些議題的處理就很切合實際。若是孩子在兒童福利系統，私人執業的那些治療師必須熟悉可以啟動的各種服務。當然，假如社會服務機構或警政評估認為兒童在家庭中並不安全，他們可能就會被送到寄養家庭或親戚家裡。這種移送可能會產生許多壓力，有些兒童會面對社經資源完全不同的家庭，或是居住在不同種族或母語的家庭中。由於有色人種的孩子有較高比例住在寄養家庭裡，臨床工作者必須牢記這些議題（Gil & Pfeifer, 2016）。

提供心理教育

提供心理教育有其必要，但正如前文所述，實施的時機和策略必須依照接受者的需要仔細裁量。每個人有不同的學習風格，有些父母喜歡閱讀，有些喜歡看影片，還有人喜歡做中學。同事們經常問我如何讓父母對遊戲治療「買帳」，我的回應是我會給父母親身接受遊戲治療的機會。一旦他們有機會接觸沙盤治療、遊戲家系圖或其他短期介入，他們就可以從個人的層次理解遊戲的力量。

可以提供的心理教育各式各樣，而有許多方案聚焦在提供創傷特定的素材，例如「常見的反應」或「如何提升自尊」。哈佛大學兒童發展中心曾製作一段影片，名為「建立成人的能力以改善兒童的結果：改變理論」（http://developingchild.harvard.edu/resources/building-adult-capabilities-to-improve-child-outcomes-a-theory-of-change），可以增進對高風險兒童及家庭的系統化工作。影片中指出父母值得關注的許多不同能力，包括執行功能及家庭調節。其中也討論到目前傳統心理教育形式的缺失：「我們對人們提供訊息和忠告，但這些人其實是需要我們幫助他們學習一些技巧，不管

是透過教導、訓練或練習，但我們卻沒有這樣做。」我強烈鼓勵臨床工作者尋求一些有創意、吸引人及活潑的方式，正如該影片所提倡，以便傳遞重要的訊息並且適切化它的整合和有效性。

同時必須記住的是，焦慮會干擾每個人留意及保存訊息的能力。因此，努力降低父母的焦慮也很關鍵。太快提供太多訊息會產生反效果。無論如何，臨床工作者所提供的訊息都必須以不同的方式一再重複。我們整合性的取向提供父母足夠的選項來讓他們了解、降低焦慮，並且增進情緒經驗，同時又能發展臨床關係中的信任。表達性活動的例子散布在整本書中，包括有沙盤和藝術治療、遊戲，以及主動的兩人經驗。

◯ 依戀本位工作

父母和孩子可以從依戀本位工作獲益，以建立、強化或重新建立他們重要的關係。**依戀本位治療**包括不同的取向，我強烈鼓吹「治療遊戲」（Theraplay）、親子遊戲治療及「安全圈」（Circle of Security; Powell, Cooper, Hoffman, & Marvin, 2013），以及一般的家庭遊戲治療（Schaefer & Carey, 1994; Gil, 2015c）。每位臨床工作者可以從中選擇，每種取向都有其特別的助益。我鼓勵臨床工作者在這些重要的治療方法上接受持續的訓練。很顯然，若父母或照顧者有信心可以提供一致、同理、創傷焦點的照護，孩子的治療結果當然會更好。

◯ 團圓服務

專長在創傷兒童工作的臨床工作者會有機會提供不同類型的團圓服務。有時候住在寄養家庭的兒童會回家，但他們的返家必須循序漸進且有結構性，也就是返家的探訪應該從監督到不監督，從公開到較隱密的訪視，以及從短時間到過夜、再到數週或更久。臨床工作者可以藉由提供社

會機構有關父母和孩子雙方的準備度及建議所需的支持服務，以便促進這整個過程。

假如孩子是被虐待或疏忽，有可能他們已經離開施虐的生父母很長的時間，這時很重要的是幫助孩子對過去的事件有一個結束，並且協助分開的父母和孩子確定適當的接觸類型和程度。臨床工作者必須評估兒童的最佳利益，並以安全為優先考量。與手足及延伸家庭成員的關係也可能受到干擾，我們的機構最近規劃了一套新的服務，提供團圓服務的藍圖，這個主題在 *Play Therapy: A Comprehensive Guide to Theory and Practice* 一書中有詳細描述（Gil, 2015a）。

我們鼓勵臨床工作者考慮提供親子訪視的督導工作，基本上這與治療有著不同的角色和功能。這類監督可以由正在接受觀察技術訓練的輔助專業人員或接受訓練的治療師來進行。有許多機構目前也以收費的方式提供這種公共服務。

🌑 結語

維持系統化取向可以對受創兒童的治療增添價值和必要之物。除了提供兒童創傷焦點個別治療之外，我認為家庭治療是維持長遠收穫的重要關鍵。家庭治療必須能吸引人、有步調性和整合性，以便能極大化正向的治療結果。鼓勵臨床工作者尋找並發現自己認為有用的任何家庭本位、實證取向及創傷相關的取向，以促進家庭的臨床成長。在以下幾章，便涵蓋了家庭工作的幾個例子。

PART **2**

臨床案例說明

Chapter 6

撞車

希拉蕊熱切地進入車子後座、跳進安全座椅，然後綁上安全帶。儘管過去兩年她就住在聖地牙哥附近，這還是她第一次的迪士尼樂園之旅。她二年級所有的同學都去過迪士尼樂園，每個人都建議她怎麼玩最好玩。七歲的希拉蕊確定這會是她最棒的生日禮物，儘管父親無法同行，但她向來都是由母親及外婆陪她出門。

出發後大約一小時，想像不到的事情發生了：母親的車被後面的車追撞，車子失去控制整個翻覆，安全氣囊爆開，媽媽卡在座位上，十分痛苦。母親在對我描述這件意外時講得很快，彷彿想一股腦兒全部講完結束掉。她告訴我從她頭上流下來的血造成她視線模糊不清，她的嘴巴全是血，同時感到噁心、全身無力。有一陣子她弄不清楚方向，還感覺到氣囊爆在臉上的刺痛感。她的骨盤、大腿骨和肩膀都有骨折現象。她覺得很難受，但還是掙扎著檢視一下希拉蕊，此時希拉蕊正用微弱的聲音呼喊著媽媽。幾分鐘之後希拉蕊就大聲狂叫，用驚恐的聲音對著媽媽大喊。母親試著安撫希拉蕊，她問媽媽她們會不會死掉。希拉蕊哭喊著要媽媽起來到她身邊。希拉蕊極想要觸摸到媽媽，但一直碰不到，也弄不清楚其實她們的車子是整部車翻過來。母親暫時不管自己的疼痛，開始盡量安慰孩子，也叫孩子和她一起禱告。

初次晤談

葛女士不到四十歲，是一位很有吸引力的婦人，說話時仍然有著西維吉尼亞道地南部的慢腔調。她的態度頗為合作，但也還受苦於意外事件的記憶。在描述事件發生的情況時，她的思緒有點亂，身體有點抽搐同時左右動來動去，之後還邊說邊掉淚，然後發呆、停頓好一段時間，最後說自己可能無法提供太多細節，但是可以把她車禍後寫給妹妹的信再寄一份給我。我告訴她訊息其實已足夠，然後請她告訴我女兒在意外前後的一些狀況。我讓她知道我特別想了解的是哪些情況還不錯，哪些還沒有恢復到正常。

她沒有描述太多女兒在意外發生前的情況。在描述希拉蕊時，她說：「她是一個很棒的孩子，快樂又聰明，但是這起意外改變了她。她似乎對任何事都保持沉默，一點點險都不願意嘗試，例如在公園裡跟其他孩子說話。在意外發生之前她很會交朋友，也比較平靜。現在她會要求和我們一起睡，還會做惡夢，而且都一個人待在房間裡面。」母親說：「妳聽起來可能覺得好笑，有時候我看不到她的人，後來發現她縮在衣櫃的地板，或是在床底下捲成球狀。」「意外發生都已經八個月了，我認為她應該要沒事了，但是她似乎還困在這件事情上面，有時候要載她上學她還會不想上車。」

我詢問關於希拉蕊的飲食及睡眠情況，以及她的交友和學校情況。葛女士重複提及希拉蕊偶爾出現惡夢，並且想要睡在媽媽床上。我問葛女士是否曾經試著讓希拉蕊搬過去睡在她自己床上，她說沒有試過，有一部分是因為她覺得讓希拉蕊睡近一點比較好，以免她半夜醒過來需要安撫。葛女士也提到希拉蕊經常不想起床上學，因此她的功課已經落後一大截。老師留意到希拉蕊的一般焦慮狀況，也陳述說她似乎很緊張。希拉蕊的老師也觀察到她經常流連在老師身邊，下課不想出去玩，反而要求幫老師做事

情。有鑑於她最近的創傷，希拉蕊看起來還不錯。葛女士本來還很猶豫是
否照老師當初的建議帶希拉蕊去接受治療，但後來同意必須這麼做，以確
定女兒是否真的沒事。當我詢問有關她丈夫對意外事件的反應以及他對希
拉蕊復原情況的看法，她提到丈夫完全沒有想到這些部分。我進一步詢
問，她說自己和丈夫感情不太順利，有考慮要正式分居。葛女士提到：
「事實上，他時常不在家，意外發生十天後他才到醫院看我。」葛女士提
到希拉蕊沒有住院，因為「奇蹟似地她只有輕微擦傷和瘀青」，因此被送
去附近的外婆家住。接下來葛女士提到她自己有頭骨骨折、腦震盪、兩根
肋骨骨折、肩胛骨和腳踝也有骨折，這些她在之前會談中都沒有提到，或
許顯示她傾向於淡化意外對她的衝擊。她帶點嘲笑口吻說：「我是不在乎
他沒有馬上來看我，坦白說，就算他來醫院也只會待個二十分鐘，然後就
離開去趕下一個生意行程。」葛女士說她先生和希拉蕊並不親近，希拉蕊
跟他相聚的時間非常少。在單元最後，她坦露希拉蕊並不是她先生的親生
女兒，但希拉蕊以為是。她強調他不會涉入治療，但卻也沒有問原因就簽
了治療同意授權書。在治療過程中，葛先生沒有回過我半通電話，也對希
拉蕊的情況及參與治療沒有興趣。

　　我告訴葛女士如何告訴希拉蕊有關她要來見我的事情，同時安排了課
後的一次會面。我告訴希拉蕊的媽媽我想要她們兩人一起來第一單元，這
樣母親就可以重複告訴希拉蕊為何她要來接受治療。

　　我提供一些訊息給葛女士，讓她知道我與她女兒一起工作的治療期間
可能會出現的一些情況。我提到她女兒似乎很具復原力，同時也加以說明
有關創傷，以及讓孩子有機會回復秩序的重要性。我也提醒葛女士她最好
也要進行個人治療，因為這場意外對她造成了廣泛的身體創傷以及心理效
應——在車禍事件之後，每次開車都會讓人回想到發生的事。當我特別詢
問她有關開車的情形，她回應她經常逃避開車，有時請她母親載她一程、

選擇走路上班，同時請好朋友載送希拉蕊上下學。她同意每週在希拉蕊接受治療的時間和一位治療師晤談，而我也在葛女士接受治療期間與她的治療師密切合作。我也告知葛女士在我治療希拉蕊的某些時間點，我會要求她和她丈夫加入聯合單元。我很高興葛女士願意聽我的建議去接受治療，因為她自己有許多困擾，我不認為她能夠自己處理那些創傷後的症狀。她似乎只聚焦在女兒身上，並且認為自己對這場意外有責任，也不夠堅強來回應女兒的需要。關於這一點，Lieberman 和 van Horn（2004a）提到：

> 若創傷是因意外事件所造成，罪惡感和自責會有一種矛盾效應，讓父母只專注在自己的情緒，無法顧及孩子的需要。防衛過程可能包括否認、情感隔離、過度認同孩子，或是其他干擾母親裨益性的機轉。（p. 117）

我擔心葛女士的過度展現功能以及淡化意外對她造成的衝擊。

🌑 開始治療：第一次單元

希拉蕊看起來比實際年齡小，一部分是因為她的個子比較小。她牽著母親的手，但看起來像是整個抱住母親，而且走進治療室之後坐得離母親很近。我先自我介紹，然後請母親說說為何想帶希拉蕊來接受治療。這是一個很值得觀察的過程，因為媽媽對女兒講話時相當自在，但一起談的時候卻很猶豫。很明顯葛女士在孩子面前談到意外事件時，找不到合適的表達，幾乎就快嗆到。母親看著我，彷彿央求我幫她的忙，我也這麼做了。我很自然地提及葛女士告訴過我有關車禍的事情，以及車子如何翻過來，她無法伸手摸到坐在後座的希拉蕊。希拉蕊突然說：「她在流血。」而我也說媽媽曾經告訴我她頭上流了很多血。我說：「呼！看到那麼多血一定

很害怕！」「我不會。」她很大聲地說。我表示驚訝：「真的？妳當時覺得怎麼樣？」希拉蕊接著告訴我說她很「勇敢」，而且媽媽睡著後她還保持清醒。接下來我告訴她說她和媽媽經歷了一次很大的撞擊，若是她（和媽媽）能夠談談或表達出對意外事件的感受及想法，那會很有幫助。希拉蕊用銳利的眼神看著我說：「妳也會幫助我媽媽嗎？」我向希拉蕊再次保證她們兩人這一段時間都會得到幫助。希拉蕊很明顯受到了母親的影響，而她母親似乎沒辦法應付創傷記憶。我認為希拉蕊聚焦於她母親，是想要透過請求幫助她母親，這樣媽媽就能夠來幫她。

我跟希拉蕊提到葛女士對我說的擔心，並且是在她母親面前提，因為她要求我主導這部分談話。當我向希拉蕊談到她母親的擔憂，她一臉擔心地看著母親。我用適合希拉蕊年齡的語言和她談話，同時告訴她，媽媽很擔心希拉蕊覺得害羞、害怕，半夜做惡夢，不想要跟同學一起玩，而且還有點緊張兮兮。「妳媽媽也告訴我她有時候找不到妳，後來發現妳藏在床底下或衣櫃裡。」

希拉蕊（和她媽媽）顯然正在經歷典型的創傷後壓力症狀，眼看已經過了八個月，母親和老師很擔心希拉蕊沒有從創傷事件當中獲得適當進展或足夠的穩定。葛女士的情況有所好轉，但她也坦承她很高興「希拉蕊一直不想談這件事。有時候想到這件事讓我有點反胃、想吐！」

我告訴希拉蕊首先要做的第一件事情是我們要彼此認識。我告訴她：「之後，我會希望妳讓我知道或告訴我更多有關意外事件的事，以及妳現在的感受。事實上，任何時間妳都可以告訴我或讓我知道任何有關意外的事。」接下來我帶著希拉蕊看看遊戲治療室，她整個過程都還有點防衛，但也有些好奇。我告訴她我們在一起的時間她可以決定想玩什麼以及怎麼用這段時間。母親整個時段都留在遊戲室，也很適切地鼓勵希拉蕊到處看看或玩點玩具。我告訴希拉蕊很期待能再見到她，還有我們每週三放學之

後會在這裡碰面。她詢問誰會帶她來，她母親很快回答外婆會帶她來，因為她自己的工作很忙時間又不固定，很難每週休假一天。希拉蕊詢問外婆是否知道這裡的地址，是否有辦法帶她來這裡，母親再次保證外婆一定可以找得到。

● 第二次單元

第二次單元的情況很不一樣。希拉蕊告訴她外婆要坐在哪裡、在哪裡等她，還有在哪裡可以找到書可以翻閱。她的外婆是一位非常友善、輕聲細語的婦人，有帶自己的書來看，似乎等再久都沒關係。

希拉蕊害羞又很好奇，她談到母親回去工作，而且還走路上班，來回都要花上將近一小時。「我媽媽喜歡走很多路！」她說。希拉蕊每次要碰玩具之前都會先詢問可不可以，我一再對她保證她可以探索房間裡面的每一件玩具。她問我所有的玩具是不是都是我買的，我回答是。她似乎對我的說法很感興趣。接下來她來到大型木製娃娃屋，開始玩起娃娃，同時布置成家庭情境。她抓起一個男性玩偶，稱他為爸爸。她問我有沒有另一個戴眼鏡的爸爸，我說沒有。她說沒關係，又隨手找到一個小女孩娃娃。「這個像我一樣綁馬尾。」她一邊說，一邊微笑著。她又找到一部卡車，把爸爸放到卡車後面。「我爸爸在他卡車上有一張床。」我說：「喔，妳爸爸有時候會睡在卡車上。」「很多時候，」她強調。「他是卡車司機，累了就會睡覺。」她媽媽沒有對我提到這件事，我突然了解為何他會時常不在家。接下來希拉蕊開著玩具卡車在房間裡繞，駛過的時候發出隆隆聲，停下來時發出剎車聲。她也將卡車停在小空間裡，並說：「爸爸現在必須睡覺了。」然後她會回到屋裡繼續布置家具，講到媽媽和女孩準備要上班和上學了。她也問有沒有外婆娃娃，我找到兩個。她興奮地選了一個並說：「這個長得像我外婆。」她也真的在第二次單元結束之後拿著這個

娃娃去等候室給外婆看，外婆笑著說很像。第二次單元進行得很快，我留意到孩子大多聚焦在家庭，家中的父親則很常駕著卡車到處繞。

希拉蕊似乎很高興來治療，母親也很高興女兒沒有抱怨治療或感到害怕。葛女士也都按時接受治療，不過她必須利用午餐的時間前來。我與她的治療師合作，並且每個月見一次葛女士討論希拉蕊的進展。

● 外化與涵容

進入治療後三個月，希拉蕊的遊戲開始出現與創傷有關的特別形式。它出現得很意外，但回想起來她一直對遊戲室的沙箱展現高度興趣，那個沙箱在底部有第二層架子。她曾經利用該底架作為她駕駛卡車經過的公路。有一次她趴在底板上，並將雙腳貼住底層架子，很自在地休息著。我留意到每次她這麼做都感到很放鬆。

有趣的變化是希拉蕊整個進入那小空間，並且用手握住沙箱的腳。接下來她將膝蓋彎起來，還讓沙箱震了一下。她開始伸展她的腳、張開腳，再把腳縮到胸前。動作看起來頗笨拙，但是她有一套標準常規，即執行這動作十二次然後停止。她也要求在沙箱上面蓋一張毯子，這樣她就看不到外面，我也看不到她。她告訴我她喜歡在那個小空間裡，但是她也不斷確認我是否就在旁邊。吸引我的地方就在於這就類似於她躲在衣櫃或床下。我們開始透過毯子牆談話，我也專注地傾聽她所說的故事。

她說的第一則故事是有關於蝴蝶如何誕生。她興奮地說：「你知道牠們懂得如何破繭而出嗎？」我告訴她我有聽過，但還是要她告訴我她所知道的狀況。很明顯有人教了她相關的知識。她低聲說：「接著毛毛蟲就集合全身的力氣，往出口爆破、離開然後飛走！」我對於毛毛蟲如何集結力氣以及力氣從何而來表達興趣，她說：「想要自由的時候，所有生物都很勇敢。」我說：「哇！能知道這個真好。」我冒險一試問她是否想要畫出

繭裡面的樣子，她甜甜地說：「不了，我現在很忙。」（怕我不了解，她又講了一次：「非常忙。」）

有好幾次的單元她就在她的人工繭裡面，而我在外面。她似乎運用了她所有的感官，因為她經常提到房間的味道、冷氣的聲音，以及從牆的另一邊傳來鄰居含糊的說話聲。

目前為止我已見過葛女士幾次，討論她女兒的治療進展以及檢視在家中的情況，而且我也邀請她加入一兩次聯合單元，因為希拉蕊想要讓媽媽知道治療室有什麼，特別是她那個「繭」。母親同意休假帶她來，她也提到從希拉蕊那裡知道她在遊戲治療室裡創造的那個小處所。

● 聯合單元、釋放能量與啟動資源

希拉蕊很興奮地敲門要我出來，我對她第一次這種行為感到訝異，但隨即了解她為何如此。她牽手帶媽媽進來，而正當我與葛女士寒暄並拉了一張椅子讓她坐下時，希拉蕊已經拉出沙盤，用長毯蓋住沙盤，然後爬進她很喜歡的小地方。她在裡面沉默了很久，我與母親也談論治療室裡的一些改變。接下來希拉蕊說：「外面安靜，我需要專心。」我向希拉蕊抱歉，並說媽媽就坐在她旁邊，而我就坐在她旁邊的小桌子上面。「媽咪。」希拉蕊輕聲說。「是的，寶貝。」媽媽說。「妳還好嗎？」「我當然很好……我就坐在這裡。」希拉蕊說：「可是我都看不到妳！」葛女士和我對看了一眼，瞬間我們了解到是怎麼回事了。

「我知道妳現在看不到我，我也看不到妳，」母親說：「但是我就在這裡。」「可是妳真的還好嗎？」葛女士又安慰她一次。沉默持續。「媽咪，那天在車上我有跟妳說話，妳為什麼沒有回答我？」母親說：「妳是指意外發生的時候嗎？」希拉蕊說：「對，我叫了又叫，妳都沒回答。」「很抱歉，希拉蕊，那不是我的錯，我沒有聽見妳叫我，因為我昏迷了。」

「那是什麼意思?」母親繼續說:「嗯,那是指昏過去,很長一段時間無法聽見或看見任何東西。」「我以為妳死掉了。」「喔,希拉蕊,妳這麼想一定很難過,我們兩人都很幸運沒發生可怕的事。」我知道希拉蕊一定會對此回應,因為她有很勇敢的一面。「我有發生一些事情,媽咪,當時我以為妳留下我一個人。」「我知道,寶貝,我知道那真的很可怕。我的意思是我沒有死,我們倆都沒死,現在我們不需要再擔心了。」希拉蕊用手抓著毯子的內側,然後問媽媽知不知道她在做什麼。葛女士說:「我知道,妳正把手放在毯子上。」她更正說:「那些不是毯子,那些是牆。」葛女士說「抱歉」,然後問希拉蕊是否可以試著握住她的手。希拉蕊照著做,而且來來回回嘗試握住彼此的手,最後終於在毯子介於中間的情況下握住彼此的手。葛女士說:「我很高興終於找到妳的手並且可以握住它了。」她還主動補充:「意外發生後,我的手沒辦法伸到後座妳那裡,我真的很害怕!」希拉蕊說:「沒關係,媽咪,我有聞到妳在那裡。」

這次單元之後我與葛女士談到該單元,我稱讚她能夠跟隨希拉蕊的主導。她想知道希拉蕊是否與我玩過這個遊戲,我說:「沒有,不像她跟妳玩的這樣;很清楚這是妳必須在這裡的原因,她想要讓妳真正了解她有多需要妳以及她有多害怕失去妳。」

在我的要求之下,母親陪希拉蕊又來了六次單元。母親同意這麼做,因為她了解這對她孩子持續進展的重要性。在這些單元中,希拉蕊重複她的遊戲:準備好沙盤、確保毯子牢靠、爬進去裡面,然後與母親展開偽裝式對話,而母親似乎也越來越能夠「跟上」女兒,而不會失控落淚。葛女士的治療師對她的復原很有幫助,而她力量的進展也表現在她與女兒的遊戲中。

在其中一次單元,希拉蕊用她的手、頭、膝蓋和腳來讓媽媽「猜看看」她身體的哪一部位在布幕後面。母親陪著她玩,在出現正確答案之前

猜了好幾次。希拉蕊笑了，也很喜歡這個「躲貓貓」遊戲。我很驚訝希拉蕊在這個遊戲中這樣讓她媽媽投入於「找到她」。在那場意外中，媽媽沒能及時回應她，也無法接觸到她，這讓她深受影響。

在某個時間點，希拉蕊開始顯現身體的部位，不再透過布幕；她從布幕裡伸出某些部位，開始真實接觸她媽媽。在一次這樣有趣的時刻中，希拉蕊大聲說：「媽咪，不要再昏過去了，不要再那樣了！」母親安慰她說未來她也沒有「計畫」要再昏過去了。在那當下，希拉蕊爬了出來，依偎在母親大腿上。葛女士平靜地告訴女兒有多愛她，還有她們經歷這個恐怖時刻是多麼令人難過。母親也說很高興她們都能夠好起來，並且補充說：「我很高興有這麼多醫生和治療師幫助我們；有一段時間我感覺到很害怕。發生的事情真的很令人害怕。」希拉蕊問說她們還會不會再發生意外，母親回答：「我希望不會，希望這是我們的第一場、也是最後一場車禍。」

🌑 適齡的解決與結束

我要求希拉蕊和葛女士參加一個藝術活動，這可以讓她們從不同觀點來回憶及談論撞車意外。這個介入是從查普曼藝術治療介入（Chapman's art therapy treatment intervention, CATTI; Chapman, 2014a）稍做改編而來，我要求她們每個人有自己的一系列影像，然後由我把這些影像畫出來，而不是直接由她們畫出來。CATTI 的目的是「幫助孩子回憶、表達及整合急性創傷事件」（Chapman, 2014b, p. 19）。CATTI 繪畫是：(1)一張塗鴉畫；(2)一張事件畫，(3)一張助人者畫，(4)一張「接下來發生什麼事？」的畫；(5)一張「離開與因應」的畫；(6)重述；以及(7)結束（Chapman, 2014a）。

我選擇幫她們畫，因為之前我也曾經要求她們兩人畫畫，但她們對藝

術工作方面相當猶豫。葛女士對作畫相當焦慮，而希拉蕊在那當下則相當不願意畫圖或彩繪。

在我畫了一系列建議的畫作之後，我就把那些畫放在地上擺成兩排，上排是希拉蕊的，下排是葛女士的。在我們回顧的時候，我會暫停然後好奇地大聲說出畫作的不同層面，諸如她們所記得的影像、聲音及味道，以及對發生事情的想法和感受。母親的記憶變動反映了她曾經失去意識的狀況。希拉蕊記得比較多細節，但是在第一次開始回憶事件時仍然感到相當害怕。我們在整個過程中有做些呼吸及運動練習，我也給了她們玩具麥克風，讓她們即使害怕仍能擴大她們的聲音。我做了筆記，這樣我才能夠用她們提供的所有訊息來回顧創傷事件，慢慢地，創傷敘事逐漸演化成她們兩人觀點所發生的完整敘事。兩人也開始能透過彼此表達同理，並且理解對方的獨特經驗，即使她們是經歷相同的事件。

我們從「最早的時候」開始。母親提到她們把行李箱放進車子，很興奮能夠去迪士尼樂園，然後上車之後就往高速公路開去。葛女士還記得地上很濕，因為前一晚都在下雨。她提到車上所放的音樂，兩人還跟著唱。接下來她記得是她們前面的某一部車無預警緊急煞車，然後突然她的車子開始滑向一邊，她說她記得有將方向盤轉向，然後就撞上某個東西。她記得車子滾向一側。她開始大叫，但每件事都來得太快，然後就昏天暗地了。希拉蕊說有聞到煙味，車裡很安靜，她後來還咳了好幾聲。她說她有叫媽媽，但媽媽沒有回應。母親這時讓希拉蕊坐到她大腿上，並說：「寶貝，我很抱歉，真希望當時我能夠保持清醒。」希拉蕊提到座位上有血，而她媽媽的安全氣囊也被染紅。希拉蕊頭下腳上，緊緊抓住安全帶側邊。接下來希拉蕊告訴媽媽說車外有人在呼叫，想確認她是否安好（「有許多人在幫忙我們！」）。希拉蕊說不出話；她一直哭，因為她嚇壞了。希拉蕊說接下來的事情她已經不太記得，但記得被送到醫院時有聽到救護車的

聲音。她不斷呼叫媽媽，南西護理師告訴她媽媽在醫生那裡，醫院也正在找她爸爸來。希拉蕊的外婆在一小時內趕來，而希拉蕊記得有外婆陪的時候比較有安全感。在希拉蕊和母親談的時候，母親不斷安慰希拉蕊，而我也在一張紙上依時間順序畫下她們告訴我的事情。在她們告訴我全部的過程之後，我就用我的圖畫再回顧一次給她們聽。她們兩人都很喜歡這些圖畫，希拉蕊甚至還嘲笑我畫的一些畫。我從頭到尾說一次故事給她們聽，然後要求希拉蕊指著圖畫告訴我故事。在這麼做的時候，她會補充一些訊息——有些是關於她的感受，有些是關於她的想法和害怕。葛女士緊緊抱住她，並總是說出很有幫助的話。接下來就換葛女士講。

在這階段的工作之後，我們回復到對希拉蕊的個別治療單元，而她也做了更多一般的遊戲。之後，她參與一系列的「說再見繪畫」（goodbye drawings），其中包括了她很羨慕的蝴蝶飛翔，雖然她母親指出構圖有些不完美。遺憾的是三個月之後，葛女士要求要進來告訴希拉蕊說她和丈夫已經準備好要離婚，而希拉蕊的父親也要搬離他們居住的房子。希拉蕊大哭並且問了許多問題，葛女士清楚告訴希拉蕊他們夫妻之間有太多問題，而且他們不是要跟希拉蕊離婚，是兩夫妻彼此離婚，而且若父親找到一處可以讓希拉蕊探視的處所，希拉蕊還是可以去看她父親。之後希拉蕊的治療大半是在處理有關父母離婚的狀況，尤其是見不到父親的那種悲傷感。反過來，她也很興奮提及外婆已經搬來同住，而她很喜歡這樣的安排。

● 結語

希拉蕊是一位聰明、可愛又脆弱的七歲女孩，她和媽媽遭受到突如其來的創傷意外，導致她感到不安全及焦慮。她母親雖在現場，但卻無法保護她，也沒有辦法在希拉蕊需要她的時候有所回應，這導致了依戀的破壞。她母親在撞車期間暫時的失功能已經威脅到希拉蕊的安全感。這件創

傷事件導致兩人有無助和脆弱感，因而產生了嚴重的創傷後反應。希拉蕊內化了她的某些擔憂，並且用她在衣櫃和床底下的躲藏行為展現了重要的潛藏掙扎。

相信希拉蕊終究會顯現心智中的樣貌並且得以獲致修復的力量，我一開始在個別治療中跟隨她的主導，並且容許她找到自己表達及掌握的方式。她選的第一個物件是交通工具，那輛卡車不經意地顯示出她對父親的需要，因為他經常開車到很遠的地方，不在家睡覺。那輛她所展示的交通工具接著就探索了遊戲治療室。她找到一個方式來表現她的孤單和不被看見，以及她需要被母親聽見、看見和撫觸。這個創傷後遊戲對這個孩子的復原非常關鍵，而假如我用一種預先設計好的方法來接近她，這個關鍵遊戲就不一定會出現。容許她探索及發現自己所需，是我能提供給她的最佳禮物。放著讓她自行計畫，她為自己創造出一個繭的環境，並且用毯子蓋住，因而製作出撞車之後她所經歷的那種「看不到、聽不到」的環境。以這種方式，她最終就得以聽到母親想要說的話，也創造出一個機會讓母親得以回應她、觸摸她，並且安撫她，而這些是她極度需要和想要的──事實上，這些可以彌補她在事件之後所經驗到的孤立感。

單獨治療希拉蕊並不夠。她的母親也需要一些幫助，才能對希拉蕊提供有用的回應。基於運用整合式治療取向，才得以轉介葛女士接受平行的創傷焦點治療，並且幫助她處理事件之後的創傷反應。一旦她獲得改善，她就更能夠注意到女兒，並且提供希拉蕊平靜及清楚的回應。很重要的是要讓她們用更有組織的方式回憶事件，並且透過伸出手找到彼此來因應壓力源。面對、記錄並回顧事件的一個引導式聯合過程，協助了母親和女兒獲得一種結束感，也對自己和彼此有了新的信心。

Chapter 7

媽咪回來的時候

米莉進來我辦公室時，她握著養父母的手看起來相當滿足，蹦蹦跳跳的，讓他們把她舉起來。她五歲，個頭很小，有著一頭黑褐色的稀疏短髮，蓋住她頭皮上的一些禿斑。她的嘴唇是亮紅色，當我靠近她的時候，我看到她上下唇都有一點發炎，顯然是她用舌頭去弄濕嘴唇所造成。她的手指頭還有手的上方有些疤，像是嚴重膿痂疹留下的痕跡。當她靠近我，我可以在她的鼻子、脖子、耳朵還有腳踝上都看到類似的疤。

羅尼夫婦將我介紹給米莉，她將她的手臂繞著我的脖子，幾乎把我弄倒，這也讓我學會不能用彎腰的方式迎接她。她一下子就跟著我，幾乎不回頭望她養父母，但是當遊戲治療單元結束，她便歡天喜地的回去找他們。我注意到她比較喜歡獲得爸爸的關注，這在初次晤談時羅尼夫婦也曾經跟我提到過。

🌑 初次晤談

羅尼夫婦年近四十，態度和藹可親，心思都放在剛領養的女兒身上。他們強調原本想要在美國領養大一點的小孩，而不是像他們多數的朋友一樣，找國外的嬰兒來領養。羅尼先生說他們夫婦兩人都是被領養的，而且在快樂的家庭中被帶大，因此他們希望這種施與的家庭傳統美德能夠傳承下去。他們很快的補充說，他們希望之後有他們自己的小孩，但是想要先領養孩子來完成他們共同的願望。

他們說他們對米莉三歲以前的狀況所知有限，三歲的時候米莉被安置到寄養家庭並且待了九個月，在養父因為車禍意外過世後，養母覺得她再也沒辦法照料她，她就被安置到另外一個寄養家庭。對於米莉以及另外兩個明顯需要大量關注且年齡較大的寄養孩子，第二個寄養家庭提供孩子們更穩定的經驗。寄養父母提到米莉很少要求他們，而且她必須學著忍受花時間跟他們在一起。當她第一次來到他們家，她總是自己一個人並且凡事自己來，羅尼太太說米莉餓了也不會討吃，但她會在米莉房間四處發現藏起來的食物。「我不會說她鬼鬼祟祟，但她一定腳步輕又動作快。」羅尼太太接著說米莉不想待在他們視線內，他們夫婦常看她一個人靜靜地坐著，看起來像在做白日夢（我後來診斷這為解離障礙症）。我問一些小孩吃睡的狀況，顯然米莉會擔心沒有足夠的食物，她會做惡夢，睡得也不好，羅尼夫婦也說雖然米莉和羅尼太太之間的關係還滿不錯，但米莉似乎比較接受羅尼先生，也比較常找他。

米莉才剛進幼兒園，沒發生分離方面的問題。幼兒園課後，米莉的保母會去學校接她回家照顧，在那時候米莉會吃午餐、睡午覺、看《芝麻街》。羅尼夫婦各自都有朝九晚五的工作，通勤上下班而且會同時到家，米莉會溫暖地歡迎他們回來，當爸媽準備吃的東西時米莉會坐在餐桌旁。羅尼夫婦告訴我他們非常好奇米莉會在遊戲室做什麼，因為她不太愛玩玩具，他們說米莉不愛塗色或者拼拼圖，比較喜歡看電視。他們也很難跟她一起玩娃娃或比賽。他們告訴我米莉的老師說她討人喜歡，但是有點害羞，而且不太參與團體活動。

● 開始治療：第一次單元

米莉興奮的擁抱幾乎把我撲倒，接著她抓著我的手，讓我帶她進遊戲室。她沒有過度好奇，她什麼也不問，什麼玩具也不碰，幾乎都等著我下

指令。有一次我帶著她四處逛，看看遊戲室內不同的玩具和活動，她不確定要做什麼好，我鼓勵她去看看想玩什麼，然後她就跑去看一個有娃娃在裡面的嬰兒床。她遲疑著要不要碰娃娃，我把娃娃拿起來並抱在懷裡，我說：「我喜歡這個娃娃，我擁有她很久很久了。」我接著說：「她是我最愛的那種娃娃，因為她真的非常柔軟，會眨眼睛，而且常常會睡在我懷裡。」我還注意到娃娃的頭髮跟米莉很像是黑的，不像我的金黃色捲髮。我哼著歌並且把娃娃抱在懷裡搖，然後米莉把她的毯子撿起來問：「這是她的嗎？」我說：「是呀，這是她的特別毛毯，她喜歡毛毯陪著睡覺。」米莉不太想抱這個嬰兒，但是她把毛毯塞進去嬰兒床裡，注意著這個嬰兒床前後搖動，還聞了毛毯。她好像對我抱的娃娃有興趣，但不願意開口要，在我主動把娃娃給她時也不願意接受。下一次單元，她跑去跪在嬰兒床旁邊，把毛毯摺好幫娃娃蓋上，她也來回地搖著嬰兒床，這次遊戲治療她很安靜也很猶豫，但是她待在娃娃旁邊很久。在她離開前，我跟她說我想要給她看其他東西，我打開一個抽屜，裡面有一些娃娃的衣服、浴缸、毛巾、爽身粉、嬰兒洗髮精、一些瓶子和尿布，她看起來幾乎是嚇到了，一點都說不出話。她後退一步，問我她下次能夠玩這些東西嗎？我說：「當然呀，它們會一直擺在這個抽屜，妳可以決定要玩什麼。」從那時起，她的遊戲就是一直聚焦在娃娃以及照顧。

外化與涵容

米莉典型的活動包括唱歌時邊抱邊搖娃娃，她也會餵坐在高椅子上面的娃娃，幫她用肥皂和熱水洗澡，幫她洗頭和梳頭，幫她換尿布和睡衣。她注意到娃娃的一件睡衣有汙點，還問能不能把睡衣帶回家給媽媽洗。由於這對她來說似乎很重要，我就讓她帶回去，下一週再帶來的時候變得又新又香，她非常興奮地幫娃娃換上新睡衣。在這之前，米莉叫娃娃「小貝

比」，她跟我說她的娃娃皮膚會像睡衣一樣，因為睡衣有柔軟精的味道，而且很柔軟。她花很大的注意力在娃娃的皮膚上，有一天，她跟我說必須去買些皮膚藥，因為這會改善娃娃的尿布疹，於是我就去藥局買了些皮膚藥，她便高興地把它敷在娃娃身上。她也會用抹布非常溫柔地幫娃娃洗澡，此外她還帶來了護手霜（她說是「我媽給我的」）。羅尼太太有接受按摩的訓練，也常幫米莉按摩，她很喜歡、也會主動要求媽媽幫她按摩。

在某次米莉與娃娃玩的時候，米莉發現了醫師的急救箱，然後她就很喜歡幫娃娃聽診、量體溫、打針，也給娃娃藥物來處理肚子痛。有一度，她說她的寶寶可能快要生小孩了，這沒有維持太久，不過有三、四次單元她的寶寶懷孕了，她讓寶寶服用特別的維他命，寶寶的肚子也被輕輕撫摸，而且還有營養的湯可以喝。米莉用毛巾當圍裙，穿著去玩具廚房為懷孕的娃娃煮了碗有很多好菜的湯。

有時候醫生對娃娃非常的和善，問她感覺怎麼樣，問她好不好；有些時候醫生很刻薄，嘴巴上說把寶寶丟到房間另一頭，然後又在醫生的角色裡對護理師說：「請讓寶寶不要再哭了。」

上述的遊戲帶出另一個更令人困擾的遊戲：米莉變成既是滋養、也是疏忽的母親，她在照料娃娃和忽略她之間來來回回。她有時會在書桌上用色筆和紙畫圖，當她塗色的時候她會跟我講話，她會停下來說：「妳有聽到什麼聲音嗎？」我回答說：「我沒聽到。」我一直不確定她指的什麼，直到她說：「寶寶最好不要再哭，不然的話……」我單純地陳述我所見到的：「媽媽看起來對寶寶哭很生氣。」她同意母親已經「不爽」了，接下來我又問她：「不然的話……」是指什麼，她回答：「很可怕的事情。」我好奇地問媽媽會做哪些可怕的事情呢？她說：「最壞的事情，假裝她沒活著。」我答說：「喔，所以媽媽會忽略她的小孩，甚至假裝她沒活著。」她點頭，然後輕聲說：「是呀。」兩種類型母親的回應成為她主要的狀

態，而她的遊戲就在這兩者間的變動延續至少三個月，有時她會去哭泣的
寶寶旁邊，把衛生紙包在她頭上說：「她無法呼吸了，她可能會死。」在
那次單元結束前我會問寶寶在做什麼，以及她是否仍然在哭，她有時會
說：「沒有，她是在裝睡，這樣她就不會惹上麻煩。」有些時候她會成為
滋養的母親角色，關愛的把寶寶抱起來，搖搖她然後對她唱歌。當她有愛
心的時候她是非常有愛心，但當她狠心的時候，她也是夠狠心。每一次我
都會大聲好奇的問寶寶過得怎麼樣、她在想什麼或感覺如何。最後她終於
能夠說說寶寶的感受，也會給寶寶不同強度的情緒。她有時候會堅決地大
喊：「她非常非常生氣，我不知道為什麼她對寶寶這麼生氣，但她就是這
麼生氣！」有些時候她會說：「媽媽很高興看到她的寶寶，我愛我的寶
寶，也想要她一直陪在我身邊。」有時候，母親和寶寶是最好的朋友，有
些時候她們好像很冷淡、疏遠。米莉會說：「她不喜歡她，她覺得碰她很
噁心。」有些時候寶寶是快樂、健康又乾淨；有時候寶寶是又臭又噁心。

🌑 釋放能量與啟動資源

　　米莉在我們的互動中有些進展。一開始她太快擁抱我，要求每天來接
受治療以便能看到我，要走的時候躊躇不前，最後哭著離開，而且常常問
哪些人會來看我，或我是不是最喜歡她。她也會想要知道當她不在「她
的」房間時，我會和怎樣的小孩玩。在起初的六個月間，她的不信任與警
戒變得更合宜，能自在地問我的想法及感受。她會用很甜美的語調對我
說：「那件事你怎麼想或感覺怎麼樣？」在我們的互動當中她也越來越保
持連結，不論在家或在治療中，她的解離發作也越少越短——她變得更能
表達。她已經學會有時候可以主導，而有時候她會要求我的指引。對我們
的治療關係來說，我們之間的互動變得更平衡與合宜。

　　隨著時間過去，其他的改變包括她有時會帶她母親或父親來，自豪地

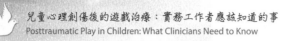

讓他們看她遊戲的一些部分。她分享給他們的內容很有目的性，她從未分享負向的感受或痛苦的處境，也許是不想要在他們面前展露強烈的情緒，以便保護自己也保護他們。在米莉的整個療程，她的養父母一直保持合作及參與，我們一個月見一次，持續地回顧米莉在飲食、囤積食物和睡眠習慣上所遇到的挑戰及進展。整體來說，似乎當米莉善用創傷後遊戲來處理她和母親的回憶之後，她開始有所進步。最後她問我知不知道她親生母親，也問她母親怎麼了。我覺得讓米莉知道一些關於母親消失的事對米莉來說很重要。這時我才驚覺我沒有追蹤米莉親生父母的訊息，也覺察到我知道她前兩個寄養父母的事情比米莉生母還更多。我詢問羅尼夫婦，他們說米莉的生母很年輕，有藥物成癮也沒有好好照顧米莉。他們提醒了我有關於生母的疏忽、米莉的非器質性營養不良，以及她曾經歷多位照顧者。他們提到她的體重過輕、她身體的傷疤，這呈現出身上有舊傷和正在療癒中的傷口這件事實。她也有許多因為營養不良導致的身體疾病，這些問題在她被安置到穩定的家庭之後就迅速獲得處理。我問米莉的養母，她是否同意我去領養機構詢問更多關於米莉生母的資訊。打過第一通電話之後，我得知米莉的生母在她被安置到寄養機構後就死於藥物過量，而她的父親則被列為「行蹤不明」。社工堅稱羅尼夫婦知道她的生母已死，也跟我說她會再和他們聯絡。

　　我跟養父母說我知道的事情，他們也已經和提醒他們米莉生母死亡的領養社工聊過。當我告訴羅尼夫婦這資訊對米莉十分重要時，他們相當吃驚。我的經驗一直是這樣，被領養的小孩需要知道真相，並能有機會對生父母有某種結束的感受，不然的話，在我看來米莉很可能會不停的猜想她生母的下落，不確定是不是會永遠被羅尼夫婦撫養。告知米莉她生母的死似乎特別重要，因為她很認真地處理與她生母之間的過去關係，透過回憶、玩出來、讓自己暴露在她自己的需求中，以及照顧自己。很明顯的是

透過玩出她生母不一致的照顧、她的驚嚇、逃離照顧行為與極端的疏忽，米莉也慢慢放下過去的記憶，同時開始接受現在穩定給予她的照顧。新的治療目標是促進米莉與羅尼太太的連結，特別是在母子關係這個主題，這主題現在也交織在米莉的心中。我私下期盼下一次她帶她母親或父親進來時，她會少一點防衛，或少一點對她養父母的保護。

當我看到米莉願意對羅尼太太展現更多自我（米莉看起來顯得較不壓抑），我跟羅尼夫婦談到每週增加一次聯合單元，媽媽很快同意，而爸爸說他也有興趣。由於米莉與父親的依附似乎更安全也更不緊張，我希望他在羅尼太太有幾次母女單元之後再加進來。

米莉聽到她可以一個禮拜來見我兩次，一次自己來、一次是跟著父母，她很興奮。很顯然她要求過很多次要有她自己的單元，也要求保證她的單元會繼續且不被打斷。在開始聯合單元之前她問我：「我們要跟我媽做什麼？」我跟她說她可以決定要怎麼和媽媽共度這段時間。當米莉問我為什麼她媽媽要跟她一起進入治療，我告訴她：「妳常玩媽媽和寶寶的遊戲，我覺得妳們一起來玩應該是個好主意。」我知道米莉腦袋裡還是轉個不停，但是她沒有追問更多，反倒是回到她的遊戲當中，並且拿著玩具目錄提醒我要去買些尿布給娃娃，我跟她說在她媽媽來之前我會去買。

🌑 聯合單元：適齡的解決與結束

在第一次聯合單元米莉的情緒緩和，想帶著她媽媽四處看，同時握著媽媽的手，帶她看她之前玩過的玩具、在哪邊畫畫，並且跟她講一些遊戲室裡特殊的事情：空調運轉的時候會發出很大的聲響；有時候可以聽到外面的人的走路聲音，但我們有個噪音製造機可以開。羅尼太太非常專注在她的女兒身上，似乎很興奮的四處張望、問問題，態度也顯得很支持和親切。米莉展示給她媽媽看所有東西，但她的娃娃卻還是藏在毯子底下，接

下來幾週也都這樣做，直到終於在一次單元的中段她跟媽媽說她們要幫某人洗澡。她媽媽問：「某人？」她回頭看著我說：「噓，別跟她說。」她預備了洗澡的東西，準備好毛巾、洗髮乳、肥皂和新的娃娃衣服。她很有自信地向她媽媽介紹娃娃：「就是她，**她**今天要洗澡。」媽媽和娃娃握握手，並且詢問水會不會太冷，米莉同意水太冷，因此加入更多熱水。

　　就這樣子進行下去了。這一系列的遊戲有米莉媽媽充分地加入，一開始，米莉要她媽媽幫忙，也跟她講要做什麼，而在之後的單元中，她只讓她媽媽看她怎麼跟「她的寶寶」玩，這幾次單元讓人回想起她早期的遊戲。她媽媽問我該如何回應，我只告訴她保持專注並跟隨米莉的主導。在一開始見到羅尼太太時，我覺得她有點冷淡，但她在陪伴遊戲過程中卻與米莉有絕佳的情感連結，可以見證她女兒的經驗而不評判。

　　典型的單元進行方式如下：米莉把她的娃娃拿出來放在高椅上。「媽媽，請給寶寶吃午餐，我要把她放到她的椅子裡。」當米莉幫寶寶圍圍巾的時候，羅尼太太去食物箱那裡弄些食物在餐盤上。「她喜歡她的牛奶，也喜歡吃午餐。」她會要她媽媽餵寶寶。羅尼太太就會餵寶寶食物，同時發出飛機的聲音，並讓食物在寶寶的嘴巴裡降落。當她們在餵寶寶的時候，米莉會站在她身旁，米莉會說：「媽，等等，吹一下，食物還太燙！」羅尼太太會很快地代勞，並告訴米莉她真是個好媽媽，把她的寶寶照顧得很好。一開始我不知道米莉會怎麼回應她媽媽將她當作寶寶的母親，但是米莉沒有糾正她媽媽。這個單元結束兩週後，米莉說：「妳外婆今天要餵你。」羅尼太太說：「外婆愛她的小孩，也愛她小孩的小孩。」

　　還有一次，米莉問媽媽在小時候是否有個好媽媽，羅尼太太回說：「是呀，她是個很棒的媽媽，她在我還小的時候就領養我了。」米莉問：「妳那時還在用奶瓶喝奶嗎？」她媽媽說：「是呀，當我媽媽領養我的時候，我才幾天大而已。」「妳另外一個媽媽怎麼了？」「米莉，我真的不

知道，沒有人跟我講過她的事情。」我很驚訝地坐著，終於理解這就是為什麼羅尼太太會忘記米莉生母已經死亡的原因。米莉看起來很安靜，顯然她和羅尼太太回家以後問了更多關於羅尼太太母親的問題。「妳想念另外一個媽媽嗎？」羅尼太太跟我說她不知道怎麼回答，但是記得我跟她說要講實話，於是羅尼太太對米莉說她不曾想念過她，因為她完全不認識她。後來米莉說她還很小的時候知道她的另一個媽媽，羅尼太太問米莉是不是記得很多另一個媽媽的事情，米莉說沒有，羅尼太太便沒有接話。當晚稍後，羅尼太太留語音訊息跟我說，她同意應該讓米莉知道她生母已經過世的事情，但是她不知道如何啟齒。我們安排了一次父母諮詢，回顧夫妻兩人關於死亡的信念，以及他們會想要怎麼說給女兒聽。他們同意跟女兒說，當人們死掉以後，他們的心臟就會停止跳動，身體也會死亡，但是每個人都有靈魂，會離開身體到天堂去。他們似乎能自在的跟米莉聊這些事情，之後也真的輕易辦到了。羅尼太太來電說一切都進展得很順利，而米莉好像也懂了，但沒有再問其他問題，因此他們不清楚她感受如何。

在我們的下一次單元中，米莉相當安靜，照著之前的模式玩著她的娃娃，只是這一次花了很長的時間在抱娃娃。她持續地玩弄寶寶的頭髮，我問她寶寶感受如何，她告訴我寶寶很難過，因為她媽媽上天堂了。我跟寶寶說難過很正常，而且雖然媽媽已經上天堂，但是在人間還有另一個媽媽會照顧她。米莉低頭了好一陣子，並問我的母親過世了沒，我跟她說還沒有。米莉接著問羅尼太太是不是會死掉，我回答她說每個人都會死，但人們通常活非常非常久，人們會在已經活了很長的時間之後才會死。「記得，妳媽媽是妳寶寶的外婆。」「是呀。」她回答。「嗯，妳媽媽可能會活很久，久到哪天還有其他孫子。」我知道這是個抽象概念，我也不知道米莉是不是能懂我說什麼，但她沒有再問什麼，我就也沒有再多做什麼。我讓羅尼夫婦知道她問過的事，羅尼太太找到其他方式來安慰米莉，聚焦

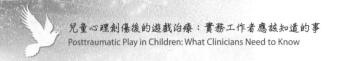

在他們都會變老、擁有聚在一起的許多假期，以及明年要去度假。

　　米莉的個別及聯合單元繼續了幾個月，最後娃娃遊戲較少出現、玩的時間也較少，並且開始由其他的遊戲取代，像是沙盤、畫圖、和我玩遊戲，以及藝術與工藝品創作。或許緩慢但十分確定的是，米莉變得更外向、更有自信，並且和父母兩人都有好的依附關係。除此之外，她的症狀也明顯減少，於是我們開始討論結案。就在這段期間，米莉的心理工作走得更深，也更清楚看到她走完生母的議題。

結束治療

　　在結案過程中米莉有個重要的經驗。在我們一起工作兩年後，我們對彼此都變得很重要，但一開始我就對她說我跟兒童只會工作一段短暫期間，之後他們就不必來見我。我說過當我覺得該是結束治療的時候，我會讓她知道；她一開始用退化來反應，她在我大腿上哭，跟我說她不想要以後不能來看我。她說她不想要說再見，想一直來，直到十歲！這對我們兩個人都不容易，現在，羅尼太太也覺得米莉應該繼續來見我，直到她小學畢業。我勸羅尼夫婦打消這念頭，提醒他們已經做得很好，米莉在他們的照顧下也健康的長大。他們把米莉的進步全都歸功於遊戲治療上，我認同對米莉來說治療是有一部分幫助，但是更多是來自於米莉的內在深處。

　　我告訴米莉暫時先兩週見一次面，不見面那週她可以利用原本的治療時間跟爸媽做些特別的事情，我有教過她父母一些遊戲治療技巧，他們也發現這種兩人的經驗十分有趣，也帶來活力。米莉得知能和父母做些特別的事情，心中有些安慰，然後她問我會做什麼，我跟她說我會想到他們玩得很愉快。

　　我們一個月兩次的單元維持三個月，然後變成一個月一次，接著三個月一次，每一次我們做改變，米莉都會表達難過，我跟她說能確實表達出

內在感受是一件很棒的事，我提醒她一開始我見到她的時候，她都不愛說自己的感受，而且有些時候還會假裝什麼感受都沒有。

當我們的治療變成一個月一次，在單元之間我會送米莉一張小卡片，羅尼夫婦告訴我，在收到指名給她的信時她是多麼興奮，她也會堅持要畫一張感謝的圖，在我們下次見面的時候送給我。

米莉和我開始做一本結案手札，我們記下一開始我遇到她的時候發生了什麼事、她現在做得如何，以及她對未來有哪些期盼。她把這本手札帶來帶去，直到我們最後一次見面。那一次我們談到，當我們不在一起的時候，我們會如何把彼此放在心上，她常告訴我她想起我好幾次。

我們和她的父母用一個慶祝單元來道別，我們很用心的籌畫，並給她最愛的甜點和氣球。她寫給我一張貼心的小紙條，我也給她一份小禮物，她打開來，看到禮物時她很滿足地笑了。「吉兒博士謝謝妳，我會永遠把它留著。」她把禮物拿給她媽媽看，並說：「我不要把它從盒子裡拿出來，我想要它一直都是新的！」小禮物是一個坐在高椅上的小娃娃，還有迷你食物小物件。我們最後一次見面之後一年，她媽媽告訴我這盒子一直都沒有打開，她和我分享他們在幾個月後將要迎接新寶寶，米莉也很迫不及待想要當大姊姊！

◑ 結語

米莉從她生母那裡經驗到了嚴重的疏忽，在我們的遊戲治療室中她得以用娃娃玩出這段經驗，她似乎需要將這深埋心中、艱辛又痛苦的經驗外化出來。在此同時，外化這艱辛的經驗給了她一條路去取得內在資源，而她自己提供娃娃滋養與照顧，連結到恰當親子照顧的正面互動形象。我相信米莉使用創傷後遊戲來重組她對父母的經驗，包括一個疏忽且最後遺棄她的母親，以及一雙有意願並能好好照顧她的養父母。我們可以這樣來理

解整個過程：米莉澄清在她心中事件的渴望，因而她能感到有所了結，並
有辦法接受她目前父母的形象。在整個治療中，米莉自己主導這整個歷
程，而我提供給她一個安全及可預測的環境。我也邀請她父母加入聯合單
元，所以他們可以見證她的某些遊戲，並能更充分給予她支持。除此之
外，我提供父母諮詢，教他們如何與米莉談生母的死亡，因此米莉也能適
當哀悼，不用再擔心她生母會回來將她帶離目前的家。米莉的遊戲以及她
父母的參與和引導，讓這個年幼孩子可以用她自己的方式來面對創傷回
憶，來組織並澄清這一連串的經驗，並且對她早年的幼兒經驗有個了結。
這樣的工作方式讓她能夠更接受來自養父母的滋養及照顧。

Chapter 8

我很不乖的時候爸爸會打我

點是個可愛的小女孩，今年九歲，過去四年她都待在寄養機構。目前她父母計畫爭取她回家，而養父母也計畫領養她，不過不確定她的生父母會不會努力達到法庭要求的條件，以便重新帶回他們的小孩。家庭服務部已經盡可能讓她的父母投入精神健康治療、戒癮服務、憤怒管理課程以及伴侶治療，母親有時接受、有時不接受，父親倒是拒絕得直截了當。她父母的關係一直不穩定，也曾因許多因素分分合合，像是多次的分離、多重伴侶、短暫又強烈的復合。點點曾經遭遇了這些：自從很小的時候家庭服務部就知道她了，她已經被安置兩次。點點的媽媽總是會因為擔心失去小孩而反彈，點點的兄弟姊妹也被安置，包括老大在安置機構，弟弟妹妹則一起被寄養。點點和手足們會定期見面；當她媽媽以孩子為重、同時有辦法去的時候，她會去探望小孩。社工透露，點點的母親被說服接受家庭服務部聲請終止親權，尤其領養家庭已經表達有興趣將這群小孩一起領養，而且他們也清楚這些小孩有特殊需求。

家庭服務部的檔案記錄著諸多肢體虐待、家暴、藥物酒精濫用事實。點點特別被點出她遭受到父親長期無情的肢體虐待。當我遇到點點時，她身上的許多傷口都明顯可見，她的手臂、手掌和大腿都是傷。我已經知道初談要注意她的自傷，所以見到點點時，看到她有一排治療中的舊傷，還有像是發炎或感染的新傷，我一點都不意外。

🌑 初次晤談資料

　　我跟家庭服務部指派這個案子的社工溫女士見面，她的熱情與考量都恰如其分，明白顯現在她如何述說每個小孩在安置機構內的狀況。她提到點點有個十四歲的哥哥，他曾被一些同住的男性性侵，後來發展出了性攻擊行為，目前他居住在專為有攻擊行為的青少年提供住宿照顧的機構中。點點還有一個六歲的弟弟跟一個四歲的妹妹，他們兩個人分別在他們兩歲、四歲的時候被帶離母親，與一對夫婦同住，這對夫婦相當照顧他們，也有意願領養他們。

　　溫女士描述點點被兒虐的經過，我很懷疑親權怎麼還沒有被終止。但接著她繼續告訴我，點點的媽媽也是在領養下被照顧長大，是個「迷失的心靈」，在很年輕的時候，才十四歲就中了她先生這個「咒」。溫女士接著用很負面的方式來描述點點的生父，她提到她生父在少年時就進入少年司法系統，也幾乎都住在少年之家，隨著他長大進幫派，然後婚後又持續藥物濫用、家暴，他的法律問題越滾越大。點點的父親一直在跟家庭服務部對抗，包括他的觀護人、執行逮捕的警員、法官，他青年階段時的對立反抗障礙症變成徹底的反社會行為，讓他整個成人生涯麻煩不斷。由於他根本無視權威人物，一直拒絕接受協助，覺得想要怎樣對他太太小孩都可以。他妖魔化公部門，並把公部門的作為看成是在對他們家「獵巫」。溫女士還說他曾因為闖進她的辦公室而被逮捕，不停地放話威脅並敵意相對，她說法官已經受夠了點點的爸爸，她不覺得法官會願意再給點點的父親機會。溫女士比較同情點點的媽媽，但她也說點點媽媽是「小孩在養小孩，無力保護他們」。

　　溫女士告訴我點點曾經接受治療，但是治療師請了育嬰假，而且選擇不復職。點點曾因為「反應性依戀障礙症」而接受治療，但我覺得這個診斷好像下得太早，因為她在新的寄養父母那兒適應得還不錯。溫女士現在

很擔心點點會自我傷害，點點會用橡皮筋在手腕上纏出傷痕，還會用手去握點燃的蠟燭。養父母沒有辦法來這次會面，不過他們填了「兒童行為檢核表」（Child Behavior Checklist, CBCL），提供了點點持續自我傷害及其他衝動行為的細節。我也跟寄養父母聊過，他們似乎很盡心盡力在顧好點點。

🌑 開始治療：點點的第一次單元

當我出去看點點是不是已經到了的時候，看見她一個人在等候室，她的司機放她下來，叫她等我（她確認過我有在辦公室），之後就離開了。結束時會有另外一位司機來接她。當我出去看到她的時候，她一個人靜靜地坐在大椅子上，抱著她的夾克和兔子絨毛娃娃，我問她是不是點點，也跟她說我是誰。她一下子就跟著我，並且在遊戲治療室裡四處看，很快地她就問我有沒有「四子棋」遊戲，我跟她說我沒有，她說：「琳達小姐有，我們最愛四子棋了。」從這次之後，點點就常談到琳達小姐，對我來說上一段治療關係好像沒有結束得很完整。最後點點有跟我透露她對琳達小姐不高興，因為琳達小姐答應過她小孩生出來之後會回來。她也跟我說要是琳達小姐回來，她就不會再來見我。

我問她覺得為什麼要來見我，她聳聳肩膀說：「我也不知道，我一直在接受治療。」我跟她說這一次是因為她的養父母擔心她傷害自己，而且在身上留下疤痕。當我說這些的時候，她稍稍蓋住她的手臂，但隨即就繼續四處看。當我問及琳達小姐有沒有沙盤，她說沒有，「不過她正打算弄一個。」這是點點另外一個相當一致的行為，她強烈維護著她對琳達小姐的觀感，而且從不讓她居於劣勢！

在第一次單元，點點花時間探索辦公室並且打量著我，她問我有沒有小孩、是不是所有的玩具都是我買的、除了她以外我還見幾個小孩，還有

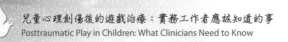

我認不認識琳達小姐？（我確實認識，只是我都沒告訴她。）我還知道琳達的小孩有先天性心臟問題，才出生第一個月就手術好幾次，不過我也未曾跟她說。

她問誰會帶她回家，我說：「接送服務的司機。」她又問我哪一個，我當然也不清楚。司機後來晚到了，我跟點點說我會在樓下陪她，一直等到司機來。下午的時候我們辦公室外面車水馬龍，司機幾乎都會遲到，逼得我們不得不制定司機必須待在建築物裡等待的政策。我跟司機溝通這些事情，她跟我說在遊戲單元期間她不會離開，從那時起她會待在等候室等待。

第一次單元除了我們之間的相互約定外，沒什麼特別的事。點點似乎對沙很有興趣；不過她的手腕還有一些開放性傷口，於是我跟她說，只要她的傷口好一些，我會給她手套戴上好去摸沙。她問如果沙子跑進去傷口會怎麼樣，我回答說這會刺激她的傷口，而且可能還會導致感染。她配合地戴上手套，不過我注意到當她把手套脫掉，她會很快地把手插進去沙裡，並且把沙撒在她的傷口上，我很快地把她帶到水槽旁，並且用水清洗。「沙會刺激妳的傷口，妳要讓妳的傷口有機會好，最好不要沾到沙。」她沒有答話，就讓我用溫水幫她沖洗傷口。在她離開的時候，我跟她說要照顧好自己，讓傷口好起來，她好像被我的話給刺激到，回我：「好啦！好啦！」

重新演出

接下來的兩個月（八週的遊戲治療），我發現點點有些容易煩躁、衝動、自律差，她在遊戲治療室出現下列行為，致使我必須馬上回應：

1. 她常帶橡皮筋來我的辦公室，或直接在我辦公室裡找。她把橡皮筋

纏了幾圈，讓它們變得很緊，然後套上手。我會提防她這樣做，但很明顯，我也注意到她會偷偷地來。當她在我的堅持下把橡皮筋拿掉，她還會用食指去摳她手腕的傷疤。

2. 她常挖沙，所以搞得指甲縫都是沙。她的寄養母親跟我說在家有看到她用沙子去磨她的開放性傷口。

3. 她常撞到我辦公室的東西，有時候還讓大腿瘀青。不管我怎麼把東西搬了又搬、藏了又藏，她就是會去撞到東西，在家裡也是這樣。

4. 當她做一些我叫她不要再做的事情之後（譬如說在沙盤蓋住的時候爬上去，接著又在上面跳），她好像會怕我接下來要對她怎麼樣。她問我好多次我是不是對她不高興，我會不會打她，我跟她保證我不會打她，我也不會讓她打我，不過她還是一直問。當她知道自己不乖，她好像會驚慌個好幾分鐘。

5. 她會去注意所有尖銳的物品，然後很快地用它們插進她的皮膚，以至於每次會談開始前我都要快速檢查過整個房間。由於我和別人共用治療室，所以這個程序就很重要，因為其他人有可能會帶來或留下一些危險的物品。點點對這類物品彷彿有特殊雷達，因此我們經常會發現一些必須移走的東西。

6. 若是她在寄養家庭燒傷她的手，她會給我看圓形的傷口和顏色。她很明顯相當著迷於在自己的皮膚上弄出各式各樣的傷口。

7. 最後寄養父母提到點點會用一些東西插入自己來自慰；他們之所以會發現，是因為點點弄傷自己，結果血就沾到內褲。寄養母親帶她去看醫生，點點把她所做的事情毫無保留說了出來。

● 治療介入

從一開始這就是一個比較指導式的個案。這個小孩從第一次單元開始

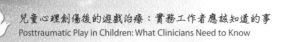
就很明顯需要大量的設限，同時也將虐待的議題帶入治療室。有被長期身體虐待過的孩子太常會出現一堆混亂的想法和感受。疼痛對他們來說意義會有點不同於常人，有些時候痛苦會觸發對小孩有幫助的解離反應（點點會說「我要閃人了」）。在這些狀況下，小孩子看起來好像不會疼痛，並且會輕忽疼痛，或者只是經驗到麻木。

有些時候即使只是很小或甚至沒有外在刺激，他們也會痛得很誇張，用極端的方法回應（大哭大叫），藉此引發別人來照顧他們（但別人有時接受，有時會拒絕）。

另外一個我與點點在遊戲中值得玩味的動力是，她對於我的回應似乎都要問個明白，包括我會怎麼做和怎麼說、她不乖我會怎麼樣、我會不會複製虐待模式。點點也會測試客體恆久性：我會一直陪著她嗎？她會不會被迫提早離開？她在接受我的時候要怎麼同時忠於前一個治療師？

點點的自我傷害是另一個引人注意的動力，我把它詮釋為這是她嘗試取得掌控權。之前有一個我治療過的青少女，她的經歷和點點相似，不過是被性虐待，她把這樣的動力講得很好：「我決定誰可以傷害我，我決定什麼時候開始、什麼時候結束，這一切由我來主導。」這個青少女已經知道重新演出對她有用的部分，在她的例子，這導致她用有害的方式對待自己，頻繁地傷害自己的身體。

因此，點點的治療至少有三個同時出現又強勁的動力：依戀議題、在行為及行動上出現虐待的重新演出，以及自我傷害。這小孩不只讓她的治療師忙著設限以保護她的安全，她還傷害自己並且著迷於自己在身上弄出的傷口。因此，我跟她的工作除了更加專注、耐心，還需要有更多的主導性。此外，她的自我傷害帶有強迫性，有潛在的危險和不健康。

這很顯然是創傷後遊戲的情況，演出的方式很獨特，轉向內在並且針對自己。在治療關係的脈絡中，受害者與加害者之間的許多動力會受到挑

戰。寄養母親陳述自己也曾在她們的關係中見過一些相同的行為，特別是在我們的治療一直持續，而點點又遇到一些有壓力的生活事件時。

治療的中期有大約九個月，我用很多種方法介入，這些方法描述如下。在這個治療階段中，她得要出庭作證，結果法院判決她可以被領養，最後完成手續則又花了一年，但是她在治療室外的生活出現許多挑戰，有時候她的症狀減少或全部消失，但在遇到壓力則又再度出現。

手環介入

我覺得處理點點手腕的傷口以及她經常用橡皮筋弄出傷痕這些狀況會有幫助。我告訴她我有注意到她做這件事，而且我在想我們是不是能再做點別的事。我知道跟小孩子說不要做某些事並不管用，這只會讓我們陷入權力鬥爭。我設想如果他們有動機靠自己的力量中止行為，他們就會這麼做。不過，我發現更有助益的方式是試著讓他們有些新的行為，同時盡可能讓他們幫助我看到他們的動機，或者我會提供一些想法，讓他們知道我理解他們所做的。

以點點的情況，我大略是這樣說的：「我知道對妳來說，能自己掌控弄在皮膚上的傷痕比較好，而不是讓其他人來做。」她抬頭望我又轉頭。我繼續說現在她已經知道怎麼弄出傷痕，但我希望我們可以找到方法弄出痕跡，但又不會真的把皮膚弄傷。我帶來一些繩子，要她挑個顏色，接著我們做了好幾串手環，我們量了她的手腕，然後做出不同緊度的手環，有的太緊，有的太鬆，有的則剛剛好。我要求她下次有捏手腕或是想要用橡皮筋弄傷自己的衝動時，就把手環戴上。此外，在下一次單元時，我拿出「過緊」、「過鬆」還有「剛好」的手環，然後我跟她說我要做一張臉。我給她看塑膠眼球、鼻子還有嘴巴，鼻子和嘴巴是小貼紙，眼球是我從不同工藝品店買來的，顏色和大小都不同。我們用那個單元的時間在不同的紙

上做了三張臉，她還拿出一些線做了頭髮。在她挑嘴巴的時候，我跟她說要挑有張開嘴、也要挑嘴巴閉上的，因為我知道這三張臉即將接受電視節目訪談。她順著我，沒有反對，也沒再問我是什麼意思。

接著我跟她說她可以當我的助理，幫我做小抄，於是我給她一個記事板，還有紙筆，我要她記下所有她想記下的事情，還有想問的問題。她默許並且坐下來，我則一邊安排這些臉怎麼出場。接著我從手機播放出一些音樂，並宣布接下來要訪談這三個手環，問問成為它們的感覺怎麼樣。

當我跟「過鬆」手環對話，我假裝重複她的答案，或者問一些澄清的問句。對話大致如下：

「那麼，當個人們手上的『過鬆』手環是什麼滋味？」

「你怎麼說？別人總是把你搞丟嗎？」

「這對你來說一定很辛苦⋯⋯什麼？你很痛恨發生這種事情？」

點點補充說：「我猜你不喜歡別人把你搞丟，然後沒來找你。」我覺得這些話有很深的含意。

我笑著問：「你最愛什麼樣的手腕？」然後我說：「小女生，真的嗎？我認識一些小女生。」

接下來的問題問到了「剛好」手環，不過問它的問題無關痛癢，於是我們就接著問了「過緊」手環，我首先發問：

「過緊手環⋯⋯所以是怎麼了，你怎麼會想要把手腕綁得那麼緊？」

「你是怎麼變得那麼緊的？」

最有效果的問題是：「你會想要對手腕說什麼？你想要手腕知道什麼？」

我等了幾分鐘，說著這是一個多棒的問題，心裡也很想知道有何回應。

　　點點變得得很活潑，把太緊手環的那張紙擺在臉前，拉高聲調說：
「妳是個壞女生，妳不聽話，妳讓我抓狂，我得要教訓妳，我受夠要一直
叫妳不要動！現在妳一定會覺得後悔！」她把紙放在面前並且站著，我
說：「哇，那是個生氣的手環！」她用氣音小聲說話：「對，但她讓我生
氣，她真的超壞。」我問小女孩做了什麼讓她那麼生氣，她回答說：「每
一件事。」我接著問，太緊手環繼續待著會怎麼樣，點點自發地說：「我
爸會把我綁在床上，我會試著掙脫，然後手會弄得都紅紅的。」我跟她說
聽到這些我覺得很難過。我問她怎麼照顧自己的紅色手腕，她說她沒有照
顧，只會把手蓋住不讓別人看到。我接著問她爸爸多常這樣做，她說：
「很多次。」然後我問她對於父親這麼做她怎麼想，她說她真的很壞。而
當我問她是做了什麼壞事，她再講一次：「每一件事。」但是她沒辦法給
我實際的例子。我告訴她說她似乎已經認定發生的事情只會有一個理由。
我說：「為什麼會發生某件事情，很多時候都會有兩個、三個，甚至到四
個不同的理由。」她問：「什麼？」我說我也不知道，我忍著不直接告訴
她。「我們一起合作想想看，妳至少想一個其他的理由，我也會想一個，
下個禮拜我們可以來看看我們有什麼理由，我會寫在紙上，這樣我就不會
忘了。」

　　下個禮拜她帶一張摺起來的紙，我自己也有一張，我們互相交換看。
我跟她說我會大聲唸出來，她坐著很專心在聽。她的紙條寫著：「她又壞
又愛哭。」我的寫著：「我不知道怎麼當不打小孩的爸媽。」她說：「啊！
他是個好爸爸，是我不乖。」「妳怎麼不乖？」我再問一次，她繼續回答
不知道。我跟她說很多被打的小孩都會覺得是因為自己不好才會被打，我
接著說：「如果小孩做了不該做的事情，爸媽應該要教他們，跟他們講什
麼是對的，沒必要打小孩。孩子就是孩子，小孩要被教導什麼是對的，什
麼是錯的，他們不是生下來就懂。」她聽一聽又轉過頭去。那天她的遊戲

鬧哄哄的，這個玩一下，那個玩一下，好像有一種不安的興奮能量。她的寄養母親在週間還發訊息讓我知道，點點在這次單元之後有好幾天特別有反抗性，她問是否發生什麼事情。我這樣回答：「聽起來像是她開始去確認，不管她做什麼，妳都不會打她。」

黏土介入

我跟點點說她媽媽提到過她把沙帶回家，還把沙搓進傷口，我跟她說我有注意到我沙盤裡的沙越來越少，我希望她把沙留在沙盤裡。

我接著跟她說她媽媽和我都想要幫她不再去抓弄傷口，因為她自己也知道這樣會讓傷口感染、變紅，還會結一堆痂。我接著邀請她用黏土做感染的痂，她用紅色還有一片壓平的黑色、棕色黏土來代表痂，用黃色代表「膿」。我再度邀請她為感染的傷口說話，這一次她躲在布偶戲台後面，然後把黏土傷口擺在前面。她這次大聲地說：「我要怎麼做才能讓你注意到我呢？我需要你照顧我，我需要你讓我好一點！」接著我要她跟我換位置，當我用她的話來說，她這樣回：「有，有，你會變好，你會變得更好的。我知道你嚇到了，不過不管怎樣，其他人會陪著你的。」這些話她一說再說，然後她要求去見帶她來治療的寄養母親。當她出去到等候室，她爬上她大腿，一句話也沒說。

儘管她會有些「意外」狀況，我總是會停下來留意一下，並且檢查她身體是不是沒什麼大礙。我總是會停下我手邊的事情，表示有興趣看看她哪裡受傷了，她都會試著很快地跑開，但我會把她輕輕拉回來，跟她說確認她安然無恙對我來說很重要。我甚至開始搬動四周的家具，以便提醒她我很關注她還有她的人身安全。

雖然進展緩慢，但她的測試行為確實有在減少，而且她似乎在治療關係當中越來越感到安全，她跟寄養母親之間的關係也是。於是，當親權終

止的聽證會到來時，她寫了一封信向法官說她想要被寄養母親領養，也知道她父親打她是錯的。至於她生母，她寫說，她誰都沒辦法照顧，連自己都照顧不來，當然也無法照顧那些需要安全、被保護的小嬰兒。親權終止的聽證會進行得很快，領養也順利進行。

這個小孩的結案以緩慢並有結構的方式進展。在她生命中有太多分離的經驗，很少有機會能好好說再見，因此我有計畫地把見面的次數逐漸減少，好讓她可以對離開有所了結，沒有遺憾。

● 結語

經歷創傷的兒童經驗到超過他們適應性因應策略的壓力，而且常常帶出對倖存很重要的防衛機轉。在他們長大之後，無意間一些記憶中的行為或遊戲會把他們的過往創傷帶到生活當中，在非常年幼時期就受虐的孩子尤其會如此。這種重演或重複暗示著有沒處理好的創傷，但他們的意識卻又無法覺察到這一點。創傷後遊戲幫助他們把擔憂外化，而且常常就可以接著處理了。

這一章談到創傷後遊戲和創傷後行為之間如何相互關聯。這類行為常常需要外部的協助才能安全地處理，而且指導性的方法及介入會變得有其必要。

chapter 9

若創傷後遊戲未自然出現

🌑 開始治療

　　這個不尋常的個案名叫黛比，是一個九歲小女孩，她被父母強迫賣淫。我記得第一次見到她的時候我有些許震撼，除了她的眼神和舉動外，她跟其他同年的小孩沒什麼不同。她的眼神看起來極度悲傷，也相當疲憊，顯然她來會談並不舒服或自在。她很快地跑到椅子上，雙手環抱自己，一點也沒有要對抗的意思，對我的要求都很配合，但同時她也很疏遠和不投入，就像是在配合我的期待而演出。她瞄了一下房間，看起來既不屑卻又渴望。我感覺到她想要碰東西，但是又不容許自己這樣做。（幾個月後她確認了我這個直覺，並形容自己「像個雪人一樣凍住了，只能看著別人來來去去」。）

　　幾個月來她的姿勢和常規活動很固定，在她開始顯得放鬆之前，她有兩個月環抱著自己坐在同一張椅子上。在這前兩個月當中，我觀看警方和家庭服務部的報告，並且和她現在的老師還有寄養父母談過。警方的調查人員打電話問我有關她的健康狀況，顯然黛比讓那些跟她接觸的人很擔心。她有四到五人的專業人士啦啦隊（老師、社工、辯護律師、休閒治療師），他們都盼望她能夠從險惡的過去中康復起來。她的老師和寄養父母說這小孩很聽話，總是自己一個人，但自己會管好自己。黛比是那種會躲過每個人雷達螢幕的青少年，因為她似乎沒有症狀，情緒和行為也合宜、順從。連指派給她的課後家教也認為她是一個「特別的女孩」，渴望學習

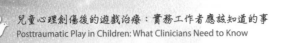

但正規的學業表現很落後。學校幾乎找不到她的相關資料，一部分原因是她在不同的司法體系中使用不同的名字，一部分是因為她有一段時間沒有就學，一個人獨自待在家。

黛比有一本別人給她的日記，很多時候她會在上面畫畫或者寫字，她在上面寫了不少光明、激勵的詩句。她的字跡和用語都讓人印象深刻，我留著一張她搬家時寫給我的紙條：「你沒有往別處看；你沒有舉手投降；你的眼神別無所求；你的聲音總是一致，謝謝你。」

我很高興聽到她有一些表達的管道，因為她好像都不交自己的朋友。我心裡暗記著她總是離她的寄養父親遠遠的，也許是因為她靠近男人會緊張，怕他們會虐待她。當我在警方報告中讀到她媽媽的陳述說，她會將嫖客帶上公寓，問他們要選她還是「這個小孩」時，我就完全明白為什麼她這麼強烈的不想要被注意到了，她想要避免自己引人注目對我來說非常合理，不被注意才能確保她的安全。

一開始我跟黛比說我已經讀過警方的報告，也很遺憾她經歷這麼艱辛的過去，她安慰我：「這沒什麼啦。」我回應說：「並不是這樣，成年男性不應該跟小孩發生性行為，這**不對**，這樣違法！」我記得當我第一次告訴她這句話時，她那著迷的表情，「這樣違法」這句話最後變成她一首詩的標題。我也跟她說我希望她媽媽之前能把她照顧得更好，並且確保她的安全，黛比把頭撇開。整個治療過程她都不願聊到她母親，對她母親展現出我們少數人能懂的忠心和同理。我從事心理衛生專業工作 43 年以來，這是頭一次，也是唯一一次，我覺得難以去同理一個母親，因為她承認會為了賺更多的錢，鼓勵嫖客挑她的女兒。我相信黛比的媽媽有她自己痛苦的過往，但是她對女兒的回應是我前所未見，我認為母親的這種回應相當罕見。我要求和黛比媽媽、黛比有個聯合會談，以便有所了結，特別是她媽媽的親權一年後被終止。黛比的媽媽拒絕，堅稱她不想再與黛比有任何

牽扯，並且說自從黛比出生後，「她不過就是個累贅」。

● 早期單元

　　和黛比的早期單元著重在建立信任感，這確實是個艱難的任務。我很少對她有所要求，講話直白，試著一致且同理（我不表達更多她不熟悉的正向情感，因可能會激起她的退縮）。在一些單元中，我們聽我請她帶來的音樂。她對於她的畫作保密到家，但我希望有天她能在我們的單元中畫畫或著色。我給她看一些不同的東西，她非常著迷於「蝴蝶的智慧」（Butterfly Wisdom），這是一套我同事喬伊斯・米爾（Mills, 2007）開發出來的卡片遊戲。她接受這樣的觀念：毛毛蟲為了要破繭而出，必須要聚積自出生起就有的內在能量，這些能量會用在預先決定且特定的時間，毛毛蟲即便單獨一個也會知道時機已到。由於她著迷於潛藏能量可以取得的這種概念，我便送她一份她相當珍視的禮物。有一位攝影師拍下了世界各地的蝴蝶，但沒有殺死牠們，以便捕捉牠們的美（Sandved, 1996），他拍下蝴蝶翅膀上的英文字母，還發行了海報上面印出所有的英文字母。除了海報以外，還可以訂製名牌，我之前問過她想要用什麼樣的名字──黛波拉或者黛比，她說她偏好用她的中間名愛妮絲頓。我不清楚她是否有中間名，但是她說她現在想要用，所以每個認識她的人都叫她愛妮絲頓，而且因為官方的記錄不多，有些記錄就用她的新名字。我訂了名牌給她，她哭著將它抱在胸口，她告訴我現在她知道什麼是「最珍貴的擁有」。

　　大約在第四個月，我有信心治療關係已經變得更穩固。我一個禮拜見她兩次，希望讓她更能把治療視為可靠與一致，在那陣子，即便有一些約定是在假日，我也沒有錯過任何一次。她的交通安排得很剛好，因此她總是早到一些時間，並且準時離開。有時候她會看到其他年輕人離開我房間，她會問一些他們的事情，她總是問一樣的問題：「那個女孩子有跟她

媽媽住在一起嗎？」她從不問男孩子的事情。我回答因為個案隱私我不能講，我也跟她說，如果別人問起她的事情，我也不會說，她似乎接受我的解釋。我也問她怎麼想像其他女孩子和她們的媽媽，她總是回答，她認為女孩子會跟她們媽媽住在一起。除了她艱辛的兒童期經驗，特別是她的關係源頭，看到這個孩子有能力想像在我辦公室所見到的同儕有被好好照顧，這其實是一件好事。這也可能是在表達她其實很思念她母親，有時這讓我覺得困惑，但在被嚴重忽略的孩子身上或許不難想見。

愛妮絲頓開始信任我，當她問起她來治療時在等候室看到的其他小孩，我會開始做一些陳述，希望能在她的防衛系統取得進展。有一天我跟她說有一個五歲小孩子很想她母親，因為她媽媽生病住在醫院，她希望有一天能盡快看到媽媽；另外一次我跟愛妮絲頓說，有個小男孩的父親藥物成癮並且在接受戒治計畫；我也談到一個小孩，她認為是她造成爸爸打媽媽；另一個小孩因為遭受她哥哥性虐待而感到很羞愧。最後的這個例子吸引到她注意：「她哥哥多大呢？」「他對她做了什麼？」「學校中的其他孩子知道嗎？」以及「他有讓她懷孕嗎？」最後一個問題讓我感到訝異，但是我讓我的回應維持穩定、一致。她接著說：「他們得把它拿出來並且讓它流在紙上，這樣才不會懷孕。」她接著透露：「有人跟我講過一次，但是我不知道是誰。」我回應說她知道多數同年紀小孩不知道的事情，她眼睛往上看並且說：「我不要再做那些事情了。」我跟她說會有很長、很長的時間她不用再想那些事情，她甩一甩她的頭說：「嗯嗯。」

隨著我們更認識彼此，我注意到她有些日子看起來特別疲倦，她向我透露她常做「很恐怖很恐怖的惡夢」，而且她通常會保持清醒以避免做夢。缺乏睡眠開始讓她付出代價，當我跟老師談話時，她也提到愛妮絲頓經常顯得疲憊，並且難以參與課堂活動，老師還提到愛妮絲頓不只一次在上課中睡著。當我問到她的學業表現，老師訝異的補充說她能夠追得上進

度,而且還一直在進步當中,總是做得比預期還要多一些。愛妮絲頓曾透露她的少年家教希薇亞是她所遇過「最棒的老師」。

跟愛妮絲頓寄養父母聊的時候,他們證實早上很難叫醒愛妮絲頓,而且她回到家的時候也是昏昏欲睡。他們說她多數的時間喜歡待在自己房間,並且把房間整理得整齊又乾淨,她的舉動是曾寄養在他們家的小孩中從未見過的。

在我認識愛妮絲頓之後的前幾個月,整體來說她運作得不錯,但她好像內化了讓她苦惱的創傷經驗。她通常都自己一個人,信任依然是個議題。每當她聊到她寄養父母,她會說:「他們人不錯,但我不會待在這裡很久。」她似乎會猶豫太依附這對暫時性的父母。在這陣子,她的生母被判危害兒童、兒童疏忽、性剝削,並被控告非法交易,因為她把女兒帶過州界好讓女兒服務男客戶。愛妮絲頓的社工一個月見她兩次,告訴我她媽媽不想再與她有任何關聯,並且不反對終止親權,她請求將她的孩子帶走。因此,我們讓愛妮絲頓知道母親那邊正在進行的法律(犯罪)程序,她表現得毫不在乎。

鼓勵創傷後遊戲

我認為對這個孩子來說,開始更直接地處理她的經驗及記憶很重要,這樣她可能惡夢會少一點,也比較不會那麼忍不住退縮。我直接和愛妮絲頓處理這個主題,我告訴她我有帶來一些玩具,我覺得這些玩具有助於她稍微讓我知道跟母親同住的情形。我帶來一個母親娃娃(和她母親一樣有一頭黑色長髮,穿得很招搖),另外還有兩個女性娃娃。我跟她說我覺得這個穿得很招搖的人看起來很像她媽媽,但她可以從這三個娃娃中任選一個,結果她挑的跟我選的一樣。接著我給她五個孩子小物件,並且請她挑一個代表自己,她挑了個頭最小、最年輕的。接著我帶來大小、膚色、穿

著都不同的一袋男人物件，我沒有把他們從袋子裡倒出來，而是請她挑出看起來像是她所遇過的那些男性，她很小心、也很有意圖地挑。很快地，演員的角色都選好了，我接著給她床挑，有小的、大的，有毯子的、沒毯子的，她把一張床的床墊拿掉，說她多數的時間都在地板上睡覺還有發生性行為。她抓了些棉球來當作枕頭，說它們是綠色的。她也要了一枝白板筆，很仔細的把每個棉球都塗成綠色，並且主動的說：「我向來喜歡枕頭，有時候它們可以蓋住我的頭。」

我帶她去娃娃屋，跟她說她已經挑好所有演員的角色，她現在可以像電影導演一樣導戲，讓我大概知道她媽媽帶男人進屋子之後的狀況。她問：「就一次，好嗎？」我回說：「當然。」接著就開始進行。她挑了一個房間，把床墊和綠色枕頭放在地板上，她把小女孩放上床，並且在她的床邊擺了另一張床，接著她抓了母親娃娃，把她放在房子外面，站著、看著車子來來往往。她盡她所能抓了很多車子，呈現出車水馬龍的狀態。

這個場景的下一步是母親帶著其中一個男性進入房子，在門口，她會說：「我或她？我或她？」接著愛妮絲頓會停下遊戲並要求上洗手間。她回來幾乎都濕著臉，我認為這是一個好的跡象。雖然在她從洗手間回來後，她並不總是急著繼續她的「電影」，看起來她的思考和感受開始同步發生，心理區隔化也比較少。從一開始我就跟她說，因為她是導演，她可以決定何時開始與何時結束，要多演一些或少演一些也是由她決定。這似乎不成問題，因為當她開始演出，她的戲就陸續上演，也能夠演出一些震撼及驚人的細節。我也給她一張紅卡，她可以在任何時間點用紅卡來表示她想要停止遊戲，也不會有人問她任何問題。她適當地運用了這張卡片，次數不多但足夠測試它的效用。

有一些單元她不想去碰放小人偶的袋子，我會注意到，並且明確表達她在做什麼。「我看到導演今天不想工作，這沒問題的，導演偶爾都需要

休息。」有些時候導演一進門就急著演出不同的劇本。有時候愛妮絲頓會說：「我還記得一些人。」或者「我還記得一些發生過的事情。」每一次我都屏住呼吸，很緊張她究竟要讓我看到什麼。大約接下來四個月，愛妮絲頓都在進行創傷後遊戲，重新創造那些她放在心上或是睡覺時夢見的場景。我們每個單元都拍照，並把當天所說故事的一部分寫下來，我們記錄了所有她記得的事情及感受。一開始她的故事維持著一段距離，愛妮絲頓會說：「這個女孩和她的媽媽。」隨著時間過去，她開始說愛妮絲頓想到或感覺到什麼。我們也把愛妮絲頓的聲音結合進她的故事當中，一開始請她敘說發生什麼事情，最後請她幫故事當中的角色發聲。有一個單元卡在我心裡好幾個月，就是在某個男人走出門之後，代表愛妮絲頓的娃娃對她母親大吼：「妳不要我當妳的小孩，我也不要妳當我媽。妳沒有小孩！」

　　另外一個單元也很揪心，當愛妮絲頓帶另一個男人進入房間，他轉向她媽媽，並且吼她：「搞什麼？妳瘋了嗎？她只是個孩子呀，妳被逮捕了！」這個走掉的人一開始是警官，但之後變成另外一個小女孩的爸爸。「他是個好爸爸，就像現在跟我住一起的這個。」這是我想聽到的天籟。我曾教她的寄養父親如何在保持一段距離的情況下對她表達正向的關注，她的寄養父親全都照辦，他晚上會在客廳坐在正對著她的椅子上唸書給她聽，而且當他們一起來的時候，他一直很有耐心，也很體貼。我已經在難過這個孩子將會搬去另一個家，雖然不太能指望，但我仍盼望著愛妮絲頓會有一個美好又可行的選擇。我很欣慰處理愛妮絲頓領養及安置的社工很關心她的未來，愛妮絲頓的個案管理員也很愛她，我和他們合作得很密切。

　　創傷後遊戲並不是沒有壓力。愛妮絲頓有過整晚沒睡，也似乎很疲憊，並且有時候顯得精神混亂。她呈現出創傷後壓力障礙症的一些症狀，特別是情緒易變以及闖入式的經驗再現。還好她對褪黑激素的反應還不

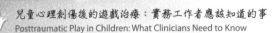

錯，有辦法重新入睡。她跟我還有社工也越來越能聊，但她仍然和寄養父母保持距離，還是說：「他們人很好，但我以後會住在其他地方。」我跟寄養父母一週談一次話，他們似乎很擔心，但也開始看到一些細微的正向改變。

漸漸地，愛妮絲頓沒有褪黑激素也睡得比較好了，也比較投入學校活動。她在學校交到了新朋友蔓蒂，她聊到蔓蒂的時候很興奮，她喜歡跟她分享一些小事情，像是早餐吃什麼，或者看了什麼電視節目，而蔓蒂也同等回報給她，對愛妮絲頓付出溫暖和情感。有一天她欣喜若狂地說蔓蒂的媽媽帶蔓蒂和她去看電影！

當她選擇投入創傷後遊戲，愛妮絲頓不斷地記下她的記憶以及拍下照片，並且將它們帶回家。她會在她的日記上畫圖，並且在上床前為圖畫加上一些「點子」，我和其他人都不知道她究竟畫了什麼。她彷彿已經成功地將她的區隔化能力轉移到日記上，關上它，然後將它放入梳妝檯的抽屜上鎖。給她一個私人的空間來放她私人的東西，是她寄養母親有過最棒的點子之一。

創傷後遊戲幫助兒童記錄下創傷經驗，包括偶爾被單獨丟在家好幾天的早期記憶。她想不起四歲以前的任何事情，只記得她自己帶大自己，沒有其他任何人的幫忙。

有一天她讓我看她畫在日記中的一份驚人創作——一隻手往上舉，朝向太陽。她的作品充分道出她的心靈以及她朝向成長的驅力。她從未背負著罪惡或羞恥；她公道地讓她母親還有那些虐待她的男人來擔起這些感受，她說：「我只是個孩子，你才是大人，不是我！」

當我還持續和她會面的時候，有時會發生一些重要片段。有一次她自動跑去她寄養父親的懷裡，並且抱住他，那一次是他來接她而讓她很驚喜（他接到電話說負責接送的員工生病了）。那是我終生難忘的一個時刻，

在創傷後遊戲中她面對那些之前無法去看、去感覺或處理的記憶之後,能夠出現這樣的一幕真是太好了。雖然區隔化曾經對她有所幫助,但隨著她卸除並攤開層層記憶,她已經幫自己減輕負擔,也讓自己變得更輕鬆。

在遊戲中我們花了一些時間在處理解離,她稱解離為「我的祕密武器」。有一天當她的綠色枕頭因為她的水杯翻倒而弄濕,我發現她是這麼依賴解離反應,我說:「哇,太糟了,妳常常把那個放在愛妮絲頓的頭上,這樣她就不用看到發生什麼事了。」她跟我說:「不要緊,我有自己的祕密武器。」當我問到她的祕密武器,她談到「抽離到內心深處」,結束之後再醒來。就像她之前的許多兒童受害者,她已經學會解離,抽離到內心深處,從她痛苦的當下逃開。她很驚訝知道其他小孩被傷害時也會這樣做,她以為那是她個人的創作巧思。我跟她說她想的沒錯,不過其他小孩也曾被一樣的祕密武器困住。我跟她說她自己一定常常練習,跟其他人在一起的時候才能夠維持抽離、待在自己內心深處。當我說這些的時候她笑了。

我們最後在解離方面有了一點進展,特別是她可以選擇解離,而不是在她不知情的情況下讓解離「找上她」。我們討論何時是「抽離」的好時機,何時不是。我要她練習抽離然後回來,漸漸地,她越來越有信心能夠在不同情境和不同人面前選擇留在當下而非解離(Gil, 2006c)。

發生在愛妮絲頓生活中最後的一件大事是將她安置在領養家庭。我跟領養她的父母碰面,幫助他們思索可能必須協助愛妮絲頓哪些特殊需求,他們是我所能幫愛妮絲頓挑到的最好家庭。他們很用心、善良,最重要的是他們已經完全準備好要領養孩子。一個額外的禮物是他們有個剛學會走路的小孩,而他們一直計畫在小孩學會走路之後再領養一個孩子。這個領養母親曾經有過高風險懷孕,可能沒辦法再生另一個小孩。由於這對夫妻一直計畫要領養,這個領養消息來得又意外又有意義,他們稱第一個孩子

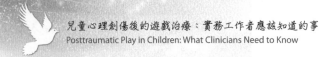

為「奇蹟寶寶」，而愛妮絲頓是他們的「第二個奇蹟」。

愛妮絲頓在離開她第一個真正的「家」時相當難過，這對我們來說都是個傷感的道別。領養家庭唯一的缺點是他們的住處離此有三小時路程，因此愛妮絲頓會被轉介給其他治療師。這對父母有所妥協，讓愛妮絲頓和現有的治療師有延長的結案期，他們繼續帶她來我這裡做治療，每個月一次、為期九個月，在那之後，我們每季見一次，時間是一年。我們的治療不再有創傷後遊戲，取而代之的是愛妮絲頓有更多適齡的煩惱，像是想要變成像她妹妹一樣的嬰兒，嫌媽媽「幫太多」而與媽媽爭吵，或是與某位老師有小衝突，因為她不像其他的老師一樣有耐心。在治療中，她幫嬰兒娃娃洗澡、換尿布，她絕對很愛娃娃，她可以餵了她之後帶她尿尿。我詮釋這遊戲和她在新家對親職的觀察有關，也是她期盼能有一個正常的幼童期，她能在當中被好好地照顧、養育並被保護。她也帶來一些照片，其中有她的新房間、她的學校，還有跟我一面之緣的妹妹。當然妹妹也長大得很快，她對小孩子能長得這麼快感到很欣喜，也很訝異。

這是我作為治療師有過最棒的回饋經驗之一，這鞏固了我的一些信念，包括孩子的復原力以及他們因應嚴重創傷經驗的驚人能力。

結語

許多經歷創傷的小孩會在家裡、其他環境，以及在治療中，自然地投入創傷後遊戲。Shelby 和 Felix（2005）提到：「自我啟動的創傷後遊戲會比治療師指導的還要有益處，因為可以在內容、步調、表達方式和探索方面提供更多的控制感。」（p. 84）然而，基於某些緣故，有些小孩沒辦法輕易進行這類修復式的技巧，就算給再多時間和器材，也不可能引發創傷後遊戲。遇到這些情況，臨床工作者就得要更指導性、持續更多臨床上的努力來讓創傷後遊戲浮現。

　　在我經驗中最好的臨床取向是提供孩童一些可以被確實使用的物件，並且展現出臨床的信心，就事論事的和小孩溝通，期待他們有能力投入這份工作。在呈現積極治療的態度和執行這類治療時，確信動力式創傷後遊戲的價值及益處顯然是一個必備要件，否則就會在臨床中傳達出矛盾、猶疑與缺乏信心。此外，臨床工作者若沒有幫助過有不尋常性知識的小孩，需要讓自己更自在，以便能用適合孩童發展程度的語言來投入治療性的好奇及對話。

　　這不代表臨床工作者在期望上要悲觀或僵化，就像愛妮絲頓的案例，她發展出自己的步調，而且常會在創傷後遊戲中具挑戰的過程中稍作休息。耐心、尊重，加上謹慎建立堅實的治療基礎（關係），是這類臨床介入的重要變項。

　　創傷後遊戲幫助兒童將他們的記憶組織成有開頭、中間和結尾的具體故事。如同在愛妮絲頓身上所看到，她從一個被動受害者的姿態，轉為更主動掌控讓我看的內容（也是展示給她自己看），內容包括她分享過的領悟，還有她為角色輕聲說出的台詞。隨著孩子開始進行創傷後遊戲，他們會出現症狀，也會有些令人掛心的新行為，但很重要的是，我們要能夠預期創傷後遊戲開始之後問題會變多，但也可以期待隨著時間經過問題會漸漸減少。隨著時間過去，愛妮絲頓比較少做惡夢，也對寄養父母更有信任感，並且願意敞開自己交新朋友。當她對自己更有信心，她也變得更加外向。

Chapter 10

燒傷

丹尼是一個瘦小、活力十足的小傢伙，像典型的六歲小男孩一樣急著進到遊戲治療室瞧瞧。他媽媽潘妮帶他來進行初談，因為他和他媽媽不習慣分開。她在跟兒子說話的時候似乎有點過度警戒、焦慮，也幾乎不讓他離開視線。她談起他的落落大方、殷勤、幽默，也提到自從出事之後她擔心他的驚嚇反應、他對傷害自己的極度害怕，以及退化現象。

丹尼曾經在朋友家不小心臉朝前跌進火堆，他用手去擋，卻也導致手掌、手臂、胸部二度燙傷。在媽媽帶他來治療前，他已經住在燙傷中心六週，待在家裡好幾個月。

潘妮是個單親媽媽，她說丹尼大致調適得不錯，不過在我看來他有些 PTSD 的徵兆（特別是情緒性還有焦慮），常會要求安撫與保證。潘妮不知道丹尼個性的改變會不會一直這樣下去，講了好幾次「就只要她的小男孩回復原來的樣子」。

這起意外是從讓她兒子和玩伴獨自在一起玩開始的，她很明顯對此感到內疚，她告訴我他跟朋友玩的時候她通常會陪在旁邊，也不讓兒子去別人家裡過夜。當我在初次會談中了解丹尼的發展史時，發現了一些事情：她在意外前對兒子的過度警戒強化了她盡其所能顧好她成長中兒子的決心，潘妮講了好幾次她就只會有這麼一個兒子，因為醫師已經告訴她沒辦法再懷孕了。她說懷孕期間很辛苦，丹尼是早產兒，生下來就有先天心臟缺陷，才三週大就要動手術。他在兩歲和四歲時都有做後續的手術，很可

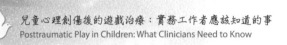
能近期也還需要再做一次。丹尼的體質差、很小就住院，這或許也造成潘妮極度擔心兒子。她說他四歲時接受過心理治療，但後來他的治療師搬到別州去了。（後來我有跟丹尼的前治療師聯絡，她提到這位母親強烈地保護她兒子，有時甚至會妨礙到他的發展。）

我跟潘妮說，我會在個別治療裡見丹尼，處理他發生意外的創傷，而我也向她預告，只要丹尼能自在地與她分開，我就會盡快單獨與他治療。我還跟她說我會請她參與聯合單元幾次，因為這個意外發生在他們兩人身上，只是兩個人狀況不同，但都因此受苦。潘妮認同治療重點放在處理創傷帶來的影響，但會擔心丹尼沒辦法忍耐她不在房間裡。我一開始的印象是，媽媽需要學會忍耐兒子獨自接受治療。

開始治療

丹尼是個開心、充滿能量且好奇的小孩，一開始不管是在探索塗鴉、著色、蓋房子、玩車，還是讓鬥士進攻城堡時，他都顯得不專心。國王對他來說是個有意義的玩具，他常常大聲命令他的人馬，幫他配強勢又權威的聲音。我很想知道誰是他的男性角色楷模，而他在生活中沒有父親形象又造成什麼影響。他媽媽只說過她從來不想談戀愛，而且一直都知道她就會是個單親媽媽，我暗記著之後要問她如何跟她的兒子解釋這部分。

從一開始，丹尼就對娃娃有興趣，沒有特別偏好男孩或女孩，很巧，剛好有個娃娃胸口上有疤，是一個做過開心手術的小孩所畫。此外，這個娃娃手臂上有一塊紗布，是另外一個小孩包的，所有用這間遊戲室的治療師都同意讓繃帶留在娃娃上，所以就像目前這個樣子了。有些小孩十分被這個「受傷娃娃」吸引，一開始丹尼避開它，但是接下來有個階段的遊戲他一直在玩它，這也對丹尼有幫助。

我開始觀察到潘妮對丹尼的遊戲有些不舒服的反應，而且幾乎都會用

非口語的方式提醒他。她有時候會氣喘吁吁說著、有時候咕噥、有時候用不同的「嗯嗯」聲，有時候她還會很快地站起來，走向孩子那邊，站在他後面或往前靠。她給的口語指令很少，要是丹尼活潑一點，她有時就會說：「小心點！」「要注意！」有個特別的主題明顯浮現：每當丹尼要用手和手臂，他媽媽就會讓他慢下來，或者將他從活動中拉開，於是每當他要把飛鏢射向標靶，她就會說：「我們今天不要做這個吧。」每當丹尼搖晃著塑膠球棒要打球，她就會把球棒從他的手上拿開，並要他找別的事情做，而丹尼總是很聽話。潘妮跟我說他的燒傷幾乎都好了，但為了避免疼痛，他得要小心不做太大的動作，她也會很注意養生之道，以避免他受傷部位的感染。值得注意的是，丹尼的傷不算小傷，他從來沒有展露他胸口的燙傷，但是手的燒傷部分相當明顯，雖然他沒有表現出任何自覺意識的跡象。他的動作有時因燒傷而有障礙，但沒有出現很多次。在我們的單元中丹尼都不會談到疼痛，但是很清楚的是他在燙傷的療程中吃了很多苦頭。

　　幾個月後，我必須輕輕暗示潘妮離開治療室。我通常教父母說他們要去上洗手間，然後就休息久一點，甚至到最後都沒再回來。潘妮只休息一下，總是會回來，我只得請她坐在等候室。因為這對潘妮來說似乎很困難，我跟丹尼說他媽媽會待在等候室等他，他眼睛連眨也不眨一下，結果潘妮還問他這樣好不好，並且要求好好抱他一下，並說有事情可以去找她。（很重要的是要教導潘妮，並且幫她理解到預期問題會助長丹尼的困難。）

◯ 創傷後遊戲

　　大約在第五個月，丹尼的創傷後遊戲開始很熱切地進行，他重新將焦點放在男孩娃娃上。目前為止，我採取的是非指導式的取向。對我來說，

丹尼對容許的環境很有反應，在這種環境裡他可以主導自己的遊戲，設定自己的界限，更開放地表達自己。我了解他更多的事情，特別是看到他在個別與聯合單元間的對比。不管丹尼的媽媽對丹尼安全的焦慮有沒有說出口，都會讓他調整自己的行為，因此必須要留意親子之間的動力。

一開始丹尼挑了娃娃，並且似乎等著我允許他玩它，我用簡單的陳述像是：「你一直回來確認那娃娃。」或「你從頭到腳的查看這娃娃。」他總是會回答：「這是個男生！」我從未評判他挑選娃娃，我既不鼓勵也不勸阻，我也從來不詮釋他喜歡或者對那娃娃有興趣，我單純地描述他的行為，兒童中心取向在這個時機最適用於丹尼。

他對男孩娃娃持續感到興趣，因為他總是在單元中很早的時候挑了男孩娃娃，把它放在書桌上（他稱為「桌子」），他會脫掉娃娃的衣服，並且用聽診器聽娃娃的心跳。他常常會轉而來聽我的心臟和他的心臟，他會算我的心跳數，也會算他自己的。有一次在他跑去洗手間回來後我請他聽聽自己的心跳，他很高興知道他的心跳會變快，也會變慢。

當他要求給娃娃一套長袍，我為他訂了一件大襯衫，他還要求後面要綁起來，我就在背後縫了幾條線，而且沒有縫死，當他看到這件長袖時他笑得合不攏嘴。接著他要我去買一些 OK 繃，我辦公室有一些圓形的，但他要長的。在我買到之後，他又要求更大塊的白色貼布，於是我回去藥局買白的貼布和紗布。丹尼很感激我，很快地開始剪剪又補補。他總是蓋住娃娃的上半部，讓腳露出來，然後他會撕下貼布，一直說：「呼吸、呼吸！」在這些例行事項之後，他會弄一些乳霜幫娃娃的頭按摩，在頭頂、前額和鼻竇區域繞圈按摩。丹尼投入在此遊戲的時候看起來有點恍惚，他的身體靜止不動，呼吸很淺。在他叫娃娃呼吸時，我會大聲的做深呼吸，幾次之後，在我呼氣而同時他自己也做了一次深呼吸之後，他笑了。

他開始規律地和娃娃講話，他會問：「今天早上覺得如何？」或者

「要我幫你弄點什麼嗎？」他想要幫娃娃弄個呼叫器，這樣娃娃才可以用呼叫器叫護理師。我從我家裡一個名為「禁忌」（Taboo）的遊戲中帶來一個呼叫器，他開心極了。當電量不足的時候丹尼還淚眼汪汪，並且說：「這壞了。」我跟他說這只是沒電而已，我會帶一些電池過來。我記得當我為他的呼叫器帶電池來，丹尼還主動抱了我。

有幾次單元丹尼幫他的娃娃洗澡，讓它泡在浴缸裡很久，在那幾次他會玩其他的東西，再不斷地回去檢查娃娃，「這樣的水舒服嗎？」丹尼把呼叫器放在附近，然後他會跟娃娃說：「記得，有需要什麼都可以叫我。」娃娃一開始很常呼叫他，後來就不這麼做了。有一次娃娃呼叫，但是當護理師（我）來了的時候他卻笑了，他要我說：「都還好嗎？」娃娃說：「都好呀，只是想看看妳頭髮的顏色是不是一樣。」這提醒了我之前曾改變過髮色，很少人會注意到，但是丹尼很善於觀察，有留意到這點。

當丹尼把貼布撕掉，他開始啜泣，我說：「我注意到你發出一些聲音。」他回說：「這好痛！」我跟他說聽到這好痛我很難過。啜泣聲變得越來越大聲，直到有一天，他整個喊出好痛，叫得又大聲又久。他接著朝我走幾步，並且重複這個動作。雖然發出的聲音很大，但我沒有動，我說：「哇，你叫得很大聲，你一定是很痛。」他看起來有些吃驚，他補充說：「我媽媽不愛我尖叫。」恰巧她媽媽就在門口，說：「他還好嗎？」我跟她保證：「是呀，他做得很好。」她問她是不是「應該」要進來，我跟她說無此需要。當我回頭看丹尼那邊，他就不再想玩剛剛的遊戲，改而幫男孩娃娃換上其他的衣服。

依我的專業經驗判斷，這遊戲大概持續了十二單元，就在這時候潘妮跟我約見面，告訴我她覺得兒子有些「退化」的狀況。我要她描述發生什麼事情，她提到丹尼總是自己一個人待在房間，似乎有些易怒，甚至還會對她發脾氣，而且不願意自己一個人睡。她還提到丹尼會動不動就哭泣，

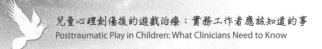

甚至只是身體撞到桌角而已。母親的焦慮度很高，而且有點生氣的抱怨我「不讓她插手事情」，也抱怨我「不願意跟她分享治療中的資訊」。我告訴她我很遺憾給她這樣的印象，然後重新回顧一次丹尼的進展，但她沒有冷靜下來，即便她聽到他的遊戲有到位，他能夠善用遊戲，以及他顯然在處理他住院治療燒傷的創傷。「我的意思是，妳從來不說任何具體的事情，像是他說了什麼，他在玩什麼遊戲，為什麼他在妳遊戲室裡尖叫？」我試著在維護丹尼的隱私之下提供她一些訊息，最後我跟她說，一旦可行我會讓她進來治療室陪著丹尼，這樣他就可以讓她看他在玩什麼。丹尼跟我講過兩次他想要讓媽媽在治療室外。到了下一週，在潘妮來門邊問為什麼他在大叫的時候，丹尼緩慢但堅定地把椅子推去門前擋住。

丹尼的遊戲開始變得比較沒有焦點。在遊戲的最後階段，他常常問一些問題：「這個小孩子有辦法回復正常的活動嗎？」什麼？我有點被他很成人的用語嚇到。「他的心臟能有辦法承受嗎？他接下來能過正常的生活嗎？」我只能假設他是在她媽媽問醫生問題的時候學到這些問題。有時候他會回答自己的問題，其他時候他幾乎都輕聲地說：「我們也不知道長期來說會有什麼影響。」顯然，丹尼很可能在擔心他的整體健康和忍受能力。

丹尼的娃娃現在一直穿著衣服，它的長袍整齊地摺好並放在搖籃的枕頭下。他把娃娃放在搖籃外，多數的時間也都讓它一直在外面，要是有人玩過娃娃並且將它放到搖籃裡，他就會再把它拿出來。他開始在離開遊戲室前藏起娃娃，我就讓它一直擺在丹尼放的位置。第一次他回來並發現娃娃還藏得好好的時候，我注意到他說：「哈哈，這個地方藏東西不錯！」我說：「沒錯。」他把他的娃娃叫做「阿森」。

創傷後遊戲似乎帶來慰藉也造成退化。整體來說，我覺得丹尼已經完成他需要為住院的記憶而做的事情，包括了釋放他疼痛的沉默尖叫。他也

照料了娃娃的傷口，並且很認真餵它吃東西、檢測它的生命跡象、鼓勵它走路並和朋友聊天。在整個過程中他都很有目標性，在彷彿中進進出出，也對自己故事的發展有充分的掌握。現在聯合家庭工作可以開始了。

🌑 聯合單元

　　一開始丹尼對於聯合單元的主意並不是很高興，他問說他媽媽是不是一定要進來，或是我們可以去另外一個房間而不是到他的房間。他問說他要跟他媽媽講什麼，他問是不是必須讓媽媽看看阿森。我想知道讓他媽媽看阿森會怎麼樣，丹尼很堅決地說：「她一定會問一籮筐的問題，讓他瘋掉！」我問說阿森被問很多問題會有什麼感覺，他說：「你想呢？他一定會對我不高興。」

　　我向他保證跟媽媽在一起的時候他還是可以做自己想做的事，他要讓她看什麼、他們要一起做什麼都由他作主，他說：「好吧，我們讓她畫畫吧！」如同之前所說，他要求去藝術治療室，他和他媽媽要執行一個畫圖計畫。當他媽媽提議他們共用一大張白紙，他示意我去架起另一個畫架，他們就各有各的紙，自己有自己的顏料和畫筆。丹尼一整個脾氣很大，而我很好奇他們會怎麼一起工作。潘妮很早就要掌握局面，要丹尼畫一隻狗，「不要，我不想！」丹尼拒絕，潘妮懇求他，後來說她**自己**來畫就好。潘妮的美術技巧很好，然後一直談她犯的毛病；她常常修改，試著要讓畫看起來很完美。我沒說話，只是看著他們的互動。當丹尼開始畫一棵大樹，他媽媽下了一連串的指導棋：「不要畫超過紙，一定要畫秋天的樹；盡量用不同顏色來畫葉子；盡量靠近畫架一點，這樣手才不用伸那麼長。」隨著歷程持續，這個小時快要結束，兩個人看起來都很挫折，而且對他們所完成的感到失望。潘妮說：「我不是很確定畫畫是不是我的強項。」丹尼出去時看著我說：「都是你啦。」

　　我們後續還有大約六次像這樣的單元，但是我的觀察卻有無比的價值。互動的模式展現在每個單元中，有時多有時少。在第二個單元，潘妮問：「我們什麼時候才要處理一些實際的問題？」我有預料到這個問題，也提醒她進展會需要時間。潘妮問：「我知道呀，但是要多久？」她討厭我對她的回覆：「他需要多久才能自在地分享，就需要多久。」之後我單獨見她，並且問她這幾次單元有注意到什麼，她回答：「毫無新意，我猜妳也看到我在家裡面對的是什麼，他過去很貼心也很隨和，現在他會跺腳、好鬥，而且只想要獨處。」我回應她我有注意到丹尼沒有照她的指示做，這讓她滿挫折的，我要她退一步，讓他來帶頭，或者讓他照自己的意思玩，不要給他任何指示。她不喜歡這個建議，她說要是她這樣做，「什麼事情都做不了」，我跟她說她的退一步會讓出更多空間來讓丹尼填補，由他自己指引自己，也會更能展現自己。她有所懷疑但是最後同意了，她說：「我不知道我能不能跟妳一樣被動。」我試著不在意她的回應，還是鼓勵她試試看。

　　丹尼有注意到她媽媽的改變，便用話刺激她：「妳怎麼這麼奇怪？」潘妮看著我要答案，我沒回話。慢慢地，丹尼開始探索這個房間並且跟我互動，就好像他媽媽不在的樣子，我認為這是個進步的跡象，不過潘妮一開始顯得防衛，並且說他兒子太沒禮貌了。

　　潘妮變得像她所說的「被動」，並且回應得不錯，也寫下了她對丹尼在遊戲治療當中的觀察。突然間，他們的動力改變了，他們待在同一個房間卻很少衝突，丹尼會拿東西去給她媽媽看，他會轉身去問他媽媽問題，我教她只要認可就好，不要說太多。她跟我說這對她很困難，但也注意到她說得越少，她兒子就主動說越多。她帶來一本簿子，並且在每個單元之後寫下十到十五頁，每週我們見面時我會仔細聆聽她的領悟、提問還有擔憂。

　　慢慢地，丹尼會把阿森從搖籃中拿出來，連同另外兩個娃娃拿給他媽媽看；接著，他給他媽媽看我為娃娃縫的長袍，最後，他給他媽媽看他如何幫阿森包紮、量血壓、幫他洗澡，並且持續問阿森還需要什麼。我注意到丹尼不太願意讓媽媽看到任何疼痛感受，因此我想用某些方式來促進丹尼釋放他遊戲中的這個面向。在他要我充當護理師的時候，我問了一個他之前要我問的一般問題，但這一次我補充問了：「我能幫你做什麼來讓疼痛好一點嗎？」他困惑地看著我說：「我沒說他有受傷。」我維持著護理師的角色說：「所有接受燙傷治療的小孩都挨很多痛，有時候他們會輕輕叫，有時候叫得很大聲。」他瞥了他媽媽一眼，我向她點點頭，她重複我剛剛講的話：「是呀，小男孩，我們可以幫你舒緩那些疼痛，說哪裡很痛沒關係。」我相信這可能是丹尼第一次聽到他媽媽這麼說，她曾對我說她經常告訴他：「一切都會沒事的。」或「快結束了。」但是她從未認可過他的痛。有一次潘妮在我們的對話中透露，小孩還未滿一歲時有一次住進加護病房，她就「假裝」他不會感受到任何疼痛，因為他的神經還正在發展。「這是我最好的因應方式了，假裝他不會感受到任何疼痛，並且告訴自己他不會記得這件事情。」

　　丹尼沒有回應但停下遊戲，跑去站在他媽媽旁邊。他們的眼神看著地上不太自在，我對潘妮說：「他可能需要被抱一下。」潘妮伸出手抱他：「你還好嗎？這樣會不會太緊？」丹尼跑開，然後又跑來問我現在幾點。他顯然已經到了他的極限，所以我們提早一些時間結束。

　　在這次單元過後，阿森就沒在他媽媽的面前出現，不過當我們個別見面的時候，阿森就會成為重要角色。丹尼總是在遊戲中的同一個點停住，也就是阿森因疼痛而大叫這個點。我在猜他是不是擔心其他人會像他媽媽一樣聽到，所以他不太願意繼續大叫。於是我邀請他們跟著我到建築物的後方，我跟丹尼說，我猜想他可能會喜歡想要喊多大聲就喊多大聲，而且

他的喊叫聲會傳向外面，媽媽可以聽到但不會擔心。他要我先大叫，我就照做，他等著看是不是有人會過來關切，不過並沒有。丹尼隨後彎腰、深呼吸、站直，然後用盡吃奶的力氣大叫，我說：「哇！叫得好大一聲。」他接著又叫了兩聲。他媽媽也表示她很高興他肺活量這麼好，我說：「我猜想你可能也想要在不用擔心其他人的某些地方大叫。」他說：「這好酷。」我放了一顆小小種子在他心中：「每個人都喜歡大叫而不用擔心其他人，我敢說甚至連你媽媽也喜歡。」他離開時細想了這句話。

他媽媽週間又打電話來跟我說，丹尼拉著她的手出門，然後跑去後院，讓他媽媽知道他能叫多大聲，也要他媽媽讓他知道她能叫多大聲。他顯然樂於有媽媽的陪伴。

下一個單元，我決定要再主導一次，單元的中途，我跟丹尼說我想要把阿森帶出來，他沒有反對。我跟丹尼說他媽媽想要跟阿森說一些很重要的話，媽媽準確地重述了我們先前在電話當中預演的內容，我重新整理如下：

> 小男孩，我想要跟你講一些重要的事情，看到你處在疼痛當中讓我也很難過，我為你的疼痛哭了很多次，要是我能跟你交換來替你痛，我會願意。我好替你擔心，很擔心我要怎麼幫你度過這極端的疼痛，所以我想我有點逼迫了你，對你說這一切很快就會過去，想要讓你轉移注意力。但是我忘記跟你說我知道你在痛，你在痛我很難過，大哭、大喊還有做任何你想做的事情來讓人知道你在痛是可以的。我很抱歉我之前跟你說不要吵，叫你要勇敢，你那時還很小，你很害怕，現在你可以依賴媽媽，因為媽媽愛你，也想幫你好過一點。

說丹尼的心已被融化是太過輕描淡寫的形容，我可以看到他淚眼盈眶。然而，我指導潘妮對阿森說而不是對著丹尼說，同時要丹尼來到她身邊，不過丹尼並沒有照做，他選擇慢慢地讓這些訊息沁入心中。

潘妮後來回報說那個禮拜出奇的平靜，他聊到丹尼怎麼要她唸故事書，要她待在他旁邊直到他在自己的床上睡著，最重要的是，他變得像以前一樣快樂又隨和。她跟我說好怕又會發生什麼事情而改變這一切，但也存著一線希望，期待這樣的改變會繼續，而他們做到了，多數情況下都是如此。

我安排了一段時間和丹尼進行結案。結束治療他並不開心，但是也知道可以不用再來了。他的媽媽提供了一致且同理的照顧，同時她的過度警覺也改善很多。她在遊戲治療單元中觀察到，如果把兒子視為強壯、有能力的小孩，他會表現得更好。她覺察到自己相當擔心他的心臟狀況，以及他無法從燙傷中完全復原。她了解到自己需要一些幫助，以便能放下過去，我鼓勵她去見自己的心理治療師。她曾想要來見我，但是我認為丹尼要是知道他媽媽還繼續來找我，這將會有礙治療的結束。潘妮和她的治療師後來建立了很好的關係，而這對母子也持續有所進展。

結語

丹尼有一些早期醫療上的不利條件，但他表現得像個堅毅的小鬥士。潘妮是一個慈愛又保護小孩的媽媽，他的小孩在嬰兒期因為心臟問題住院多次，她也因此變得非常焦慮，而她的因應方式是藉著想像她兒子不會感到疼痛，以及幫助小孩子從外顯的疼痛中轉移注意力。丹尼遭遇到嚴重的意外，致使手掌、手臂和胸口二度燙傷，他的母親覺得自己沒保護好他而感到罪咎。罪咎感和焦慮感是丹尼復原過程的主要情緒氛圍，特別影響了他持續需要接受滋養性的照顧。潘妮固然遵從每個醫療建議以確保丹尼的

進展，但她卻不經意地將丹尼當成比實際上還要脆弱的個體在對待。除此之外，燙傷療程非常疼痛，但她沒有促使丹尼釋放他的疼痛，於是他就閉上了嘴，從此不再哭泣和尖叫。

燙傷的治療對丹尼來說非常煎熬，又因媽媽對他的特定回應而更加複雜。因此，創傷後遊戲讓他得以外化復原過程中埋於心中的衝突，並且加以處理。這個議題既屬精神內在也有其系統性，因此他的治療包含了個別治療單元和家庭治療單元。當丹尼讓娃娃有機會大叫並釋放疼痛時，一個明顯的主題就出現了。替他所承受的疼痛發聲似乎對丹尼來說是個重要的發洩經驗，而和媽媽分享此種經驗則進一步增強了釋放情感的重要性，特別是他所愛的母親在過去他表達疼痛時都會感到苦惱。

這個案例展現了容許小孩在其家庭脈絡中玩出未解決創傷經驗的重要性，除此之外，母親自己也做了非常多的努力，並且接受了我違反她直覺的建議。這個案例再一次地顯示，治療師與孩子及母親之間建立治療信任將會獲得很多回報。

Chapter 11

長期性虐待

裴西九歲，從大約三歲起就遭受長期性虐待。她被帶離母親蘿拉身邊兩次；蘿拉已經接受過六次復健方案但都失敗。蘿拉自己也在寄養照顧系統中長大，也在很小的時候就遭受虐待。不幸的是，蘿拉是一位高度受創的女性，但卻無法充分利用提供給她的幫助。在我遇見裴西的時候，蘿拉的親權已經被終止，也正在接受另一次復健計畫。裴西的父親在裴西小時候幾乎都在監獄，曾經被控嚴重暴力、謀殺以及對未成年人性虐待。裴西曾經遭受父親和他幾個朋友性虐待，但當她站在我面前時卻像是一位甜美、快樂、無憂無慮的小女孩——至少她剛開始看起來是這樣。前來接受治療之前她已經在寄養家庭住了將近九個月。她曾經看過小兒科醫師、牙醫師和眼科醫師，都在安置以後六個月內——她被拔了幾顆牙，飲食配方也經過調整，並且由小兒科醫師做密切的監督。她的報告中說她是一位體弱的孩子，但由於她沒有正式上學，因此沒有蒐集到疫苗注射的相關記錄。蘿拉總是把裴西帶在身邊，即使是流落街頭的時候，而她們兩人也真的曾經一起住過街友庇護所。蘿拉在清醒期間很願意接受幫助，也相當愛她的女兒。裴西的社工師竭盡所能確保蘿拉接受最多的幫助，並且將裴西的安全、穩定和教育列為優先考量。裴西愛她的母親，經常問到她的情況，但裴西目前與一位單親的寄養媽媽瑪麗同住，她是一位兼職的學校諮商師。裴西知道之後自己可能必須搬去別的地方住，因此與瑪麗保持著誠懇又有禮貌的關係。我猜測裴西對關係不太願意做太多投入，因為她認

為她生命中多數的人們最終都會離她而去。

　　裴西不太能理解法官決定永遠終止母親的親權是什麼意思。蘿拉曾對女兒解釋她無法依裴西應得的方式來照顧裴西。蘿拉也清楚說到有問題的是自己，不是裴西。當蘿拉說明她的藥物濫用、無法維持工作，以及裴西應該規律上學並且有個好家庭提供她更好的照顧時，她們兩人哭成一團。在她們的說再見單元中，蘿拉要求裴西原諒她曾多次放她一個人，原諒她無法保護她不受父親傷害，並且原諒她該保持清醒的時候卻在睡覺。當然，裴西還記得她們經歷過的某些可怕經驗，但她一直很保護她母親，並且詢問蘿拉未來有什麼計畫。蘿拉說想要再接受復健計畫，繼續努力克服自己的成癮、做出更好的選擇，甚至將來還想要回到學校去。社工師告訴我在說再見會面中，母親和女兒展現出明顯的角色交換，裴西安慰她母親，希望她最終會好起來。蘿拉對裴西的生活沒有多問，裴西也沒對母親多說，但她還是告訴媽媽瑪麗幫助她很多，很高興能夠住在那裡。

🌑 開始治療

　　第一次看到裴西的時候，她顯得相當有能力且成熟。對於我解釋何謂治療以及我對她的了解，她有很好的回應。她告訴我當她還很小的時候曾經見過治療師一陣子，但她忘記何時或在哪裡。在我詢問她有關之前的治療時，她說不出喜歡什麼、談過哪些議題，甚至連治療師的長相都說不出來。她只記得治療師有一頭長長的棕髮，還有她喜歡跟她玩牌。

　　裴西自由地探索房間，並且觸摸和玩了房間裡面的許多玩具和活動。幾次單元過去之後，裴西似乎對玩具的次序很感興趣，喜歡看到東西都照她上週離開時的樣子擺好。她沒有使用任何常規，就像許多一般的孩子一樣。每次一開始她都會玩不同的活動，短暫地玩玩這個或那個，然後再玩點別的。她的遊戲沒有那麼有創造性，但會運用具體或直白的象徵。舉例

152

來說，當她在做遊戲家系圖，而我邀請她選擇一個迷你物件來呈現她對家中每一個人（包括她自己）的感受或想法時，她選擇一副鎖和鑰匙代表父親、一瓶酒，香菸代表母親，以及一位上學女孩代表她自己。當我要求她找一個物件來代表現在的寄養媽媽瑪麗，她挑了一本聖經，因為瑪麗每晚都會禱告。我鼓勵她找別的物件，但她想不出有什麼別的物件。當我問她生活中有無其他重要的人，她想不出任何一位。

當我要求她畫畫或塗色，裴西通常會畫天空、太陽和雲，而且總是會畫一條線代表地上，然後花朵從綠地上長出來。她從不畫房子或人，即使我邀請她畫自我畫像或畫目前她居住的房子也一樣。當她不想配合的時候，她就會聳聳肩。

我也邀請她拼貼出她在學校的樣子，但她卻幾乎找不出她認為有相關的圖片，最後勉強找到便當盒，然後再剪下一個蘋果的圖片以及一瓶牛奶。

她玩了一下下沙箱，但沒有使用迷你物件，也沒有說出或坦露故事。她通常將手放在沙中，反覆感受沙子有多柔軟和乾淨。雖然有幾次她詢問是否可以將沙子弄濕，她總還是玩乾沙。我告訴她可以使用水，但她從未冒險走出舒適圈。

我對裴西的印象是她在情緒上相當壓抑，屬於生命的觀察者類型，無法有足夠的信任可以放掉她的壓抑。有時候她很不習慣治療師沒有視她為隱形，有時候她以輕聲說話來確保我會問她在講什麼。她好像很習慣配合別人並且遵從別人的規則。她很難提出自己需要什麼或想要什麼，至少在治療情境是如此。當我運用兒童中心遊戲治療的時候，她一時之間很不自在。我記得她問過：「妳為什麼一直重複我說的話？」以及「妳講話怎麼這麼好笑？」最終我減少我所做的反映次數，並且默認她想要我主導過程。當我要求她參與不同的活動，她很快就答應。其中一個活動是列出她

在單元中想要做的事情，但她想不出任何一件。當我問她我們已經做過的
活動中有哪件是她很喜歡而可以重複做一次，她也想不出任何一件。當我
問她學校裡有沒有她喜歡做的事，她也想不出任何一件；當我問到有關瑪
麗的事情，她提到喜歡跟她在後院一起野餐。我告訴她有一天我們也可以
在遊戲室後方空地一起野餐。（當我們真的這麼做的時候，她很喜歡到外
面來，但似乎很在意菜單這件事。）

　　裴西是一個謎般人物：她在大半的生活中遭受過長期而嚴重的虐待，
而且最近又失去她唯一的母親，但是她繼續過日子，做她應該要做的事，
努力趕上學校的功課，適應新的環境，即使過去與她母親過的是極端不同
的生活。她似乎沒有明顯的困擾症狀，而正如我前面所說，她調適得很
好，盡可能利用一切資源，並且與寄養母親和老師相處得很好。她沒有特
別好的朋友，但她學校的同學在下課時間都會找她玩，而她也喜歡跟同學
玩並且跟隨他們的主導。這個孩子很有復原力，而且為了生存也很懂得融
入。我的猜測是，由於她母親反覆無常且很不穩定，她對於自己經驗的事
情以及遭遇的陌生和危險人物已經練就了不以為怪的態度。從很小她就被
期待做很多事情，而她努力應付每件事情，試著餵養自己，同時學習著安
慰自己並調整自己。她組織資源以便照顧母親，而當母親很多時間不在家
的時候，裴西就等待著，同時靠著看電視來娛樂自己。她最終坦承不管在
哪裡，她都喜歡找一些可以躲藏的地方。她也讓我知道，她在第一次進到
房間就已經瞄準好一個地方，她確定只要自己將身體躺得很直很平，就可
以藏到某張沙發的後面。我很訝異聽到她在第一次進來就已經找好可以躲
藏的地方。她防衛自己的方式很安靜，也很有信心。我經常敬畏於兒童所
能做到的並不只是為了倖存，而是為了在不友善、嚴苛或混亂的環境中仍
能繼續茁壯。

　　因此，我們前六個月的治療就以這種方式進行。我可以說我們彼此慢

慢了解，但說實在，我在這段期間從未感覺到與這個孩子有情感上的連結，而且我也經常很迷惑她在做什麼以及治療中所發生的事情究竟對她有何助益。令人驚訝的是，大約在第四個月，瑪麗小姐打電話告訴我裴西感冒生病，但她哭著說「無論如何」她都要來接受治療。瑪麗小姐同意打電話問我孩子有輕微感冒的情況下是否可以前來。我非常驚訝，因為我之前並不了解治療對裴西究竟有何意義，我後來當然告訴她儘管前來，但要多帶些衛生紙。

　　裴西的生命充滿了未預期的變化，在第六個月時，一個最令人驚嘆的轉折點出現了：社福機構找到並聯絡到裴西的一位姨媽，想不到她就住在鄰近的郡。這位姨媽和她媽媽終其一生都很疏遠。這位姨媽愛思拉早年也在寄養家庭住過一段日子；然而，不像姊姊蘿拉，她有特別的醫療需求，因此在她四歲而蘿拉七歲時被領養。愛思拉怎麼被找到是一個謎，社工師不願對我多談，但突然間多了一個選擇，這位血親或許會考慮領養這個孩子。愛思拉經歷結婚、離婚、喪偶，自己扶養兩個十四歲的雙胞胎女兒。有這樣的機緣，愛思拉很願意見她的姪女，聽到蘿拉一生的遭遇也很難過。會面時間已經安排，而我在愛思拉與裴西見面之前先見她。我對愛思拉的印象非常深刻，她是一位四十出頭歲的婦女，丈夫死於伊拉克戰爭。她是一位理財專員，外出工作，住在一間小而舒適的房子，兩個孩子都在當地的中學就讀。她提到與養父母有很強的連結，也很感謝他們提供她很棒的家並且提供她實質的照顧。她描述她的童年是快樂且「充滿愛」。她提及自己患有先天性心臟缺陷，年幼的時候動過幾次手術。她目前身體狀況良好，遵從嚴格的飲食限制及運動處方，也很慶幸能夠生長在一個醫學足夠先進和發達的時代。她的雙胞胎女兒生產過程順利，沒有任何重大疾病。她提到家庭很幸福，只是丈夫的去世對她們三人都是一件重大打擊。他去世的四週年日期即將到來。

愛思拉問了有關裴西的幾個問題，社工師也告知她有關裴西的童年遭遇。然而，她對蘿拉充滿了各種疑惑。社工師給了她蘿拉最後給的住址，但蘿拉已經搬離該處（她永久搬離復健中心），因此她目前的去向不明。社工師說蘿拉有一位住在西岸的朋友，有在考慮未來要去那裡。愛思拉很失望有可能這輩子無法再見到姊姊，似乎對姊姊有一些正向的記憶。

我盡可能幫愛思拉做好會見裴西的準備，對裴西也是。裴西很高興，對姨媽也很尊敬，帶著她參觀治療室。有時候就像這樣，裴西看起來比她實際九歲年齡更大。裴西邀請愛思拉玩卡片遊戲，而愛思拉似乎很願意玩任何裴西想玩的遊戲。她們的會面進行得很順利，正如我先前預料，她們也安排週末讓裴西去見她的表姊們。社工師負責安排探訪的流程，當我隔週見到裴西的時候，她滿嘴表姊經。她說她們是「同卵雙胞胎」，而她知道誰是誰，因為「一個留長髮，另一個留短髮」！她說她們家很棒，也有幫她留一個房間。當瑪麗小姐來接她的時候，裴西說很希望能夠跟我相處更久一點，這是我見過她最熱情的時刻。

接下來幾個月的探訪都進行得很好，與個案工作的專業人員（我自己、社工師和孩子的律師）都覺得愛思拉領養裴西的機會很高。有一天愛思拉說她有個擔憂必須跟我談談，是有關裴西對她女兒說了不恰當的話。她認為女兒處理得很好，但她想了解這對裴西是否為正常情況，以及她還可能會碰到哪些狀況。我問她具體發生什麼事情，她有點不好意思的說裴西問了雙胞胎女孩其中一人有關她男朋友的事。「他很可愛，妳有吸他的屌嗎？」裴西的表姊瑪琳對她說：「裴西，我們不會用這種字眼。」然後就離開去問她母親該怎麼辦。問過之後她回到裴西旁邊對她說：「裴西，我知道妳在生活中學習到有關性的一些事情，但是發生在妳身上的事情絕不應該發生在任何一位孩子身上。若有人想要摸妳或是要妳摸他，這都是不對的。」「這我早就知道了。」裴西邊回應邊走開，看起來有一點點生

氣和不好意思。我對愛思拉談到有關性虐待的事情，並且告訴愛思拉裴西能觸及這個其實是好現象。我也告訴她很可能是看到雙胞胎表姊和她的男朋友（伴侶）這件事觸發了她有關男女關係的記憶。愛思拉提到裴西曾看到表姊親她男朋友，愛思拉曾經斥責她，要她非常謹慎公開場合的情感表達。儘管如此，當我聽到這件事，我認為是到了更直接對裴西處理有關性虐待的時候了。我不希望有任何狀況來毀掉她被姨媽領養的機會。此外，我也覺得我們一起的第一階段工作已經見到成果：裴西跟我在一起很自在，也相信有我的陪伴很安全。瑪麗小姐是她生活中很好的依戀對象，這對裴西很有幫助。我認為裴西已經開始相信生活可以預測並且穩定，同時自己有問題時有人可以詢問。

創傷後遊戲

我要愛思拉告訴裴西說她已經告知我有關裴西對表姊瑪琳說的話，以及瑪琳如何回應。裴西下一單元來的時候，我告訴她愛思拉已經告知我她對表姊說的話。我沒有問她問題，我只是說：「我同意瑪琳所說，發生在妳身上的事不應該發生在任何一位孩子身上。」裴西用嘲弄的眼神看著，並且問我怎麼會知道她小時候發生過什麼事情。我要她回頭想想我們第一次見面的情況，同時提醒她社工師有告訴我她小時候發生的所有事情。裴西說：「可是她並不知道我每一件事情，有些我沒告訴她。」我輕柔地說：「把發生的事告訴任何人必定不容易，但是妳沒有說，不代表事情沒發生。」她說：「嗯，可是我不喜歡談，那很噁心！」我回應：「我想妳一定會覺得噁心，不過對我來說，噁心的是大人認為可以用這種方式來傷害妳。」她說：「沒有什麼真正的傷害，就是很噁心。」

接下來對話就開始出現許多冗長及逃避的暫停，因此我認為最好開始運用 Kevin O'Connor（Hall, Kaduson, & Schaefer, 2002）開發的「彩繪你的

生活」（Color Your Life）技術。然而，一開始我要她列出「多數時間裡妳所出現的一些感受」，然後要她挑一種顏色最能代表一種感受。她把顏色填入感受旁邊的空格裡，分別是：**擔憂**，橘色；**傷心**，藍色；**麻木**，灰色；**快樂**，黃色。我告訴她隨時都可以添加其他顏色。在她完成這份清單並且指定好顏色之後，我要求她用這些顏色來畫出她到目前為止的生活。我先畫出一條橫線，出生畫在一端，九歲畫在另一端；我再把一端的線延長到十八歲。用她所選定的顏色，她開始用她在小時候及稍大年紀所經歷的感受將顏色畫在線上，她也在清單上增加「害怕」，並且選用紫色。在六歲之前她的「彩繪你的生活」繪畫都是紫色（害怕）及橘色（擔憂），之後開始增加，她指出灰色及更多橘色。她最後一次被帶離母親身邊是七歲，因此她七歲的顏色是藍色（傷心）及灰色（麻木）。我問她目前感受到的顏色，她增加了橘色（擔憂）。我稍微延伸了一點點線，再問她的感受，她說：「妳是指假如我留在瑪麗小姐身邊，或是去跟愛思拉姨媽住嗎？」我告訴她可以畫出兩種情況，因為我們還不知道會如何。她在與愛思拉生活的線畫上黃色（快樂），並且把瑪琳及夏蓮的名字放上去。

我問她人生中何時最為害怕，她指出大約五或六歲。我問她當時發生什麼事情讓她最害怕，她回答：「我爸爸會做不好的事情。」此時就是我一直希望能幫助她處理性虐待經驗的一個起點。

終於，她能夠列出她父親做了什麼的「祕密清單」，看起來像是她父親和其他男人所做的廣泛性虐待。我問其他男人是誰，她說：「我爸爸那些喝一堆啤酒的朋友。」如果可以我盡可能表達很遺憾她發生這樣的事情，也對那些男人做出這樣的事表達憤怒。「會摸小孩私處的男人，在想法和感覺方面都有問題，他們做出不好的選擇，他們需要幫助以停止傷害孩子。很遺憾這種事情發生在妳身上，我真的很生氣男人竟然覺得可以對孩子做這樣的事。」我堅定地說。最後她說：「我也是這樣覺得！」但一

開始她似乎很訝異於我的反應。

有一天我要她畫一張她所記得與虐待有關的任何圖畫。她用粗黑色馬克筆在紙上畫出六個長橢圓形的東西，然後說：「那就是我所記得的——屌，還有很多屌。」「屌，還有很多屌。」我重複著，心中對這個字感到不自在。「對，到處都是屌。」她讓陰莖直立，但我發現有一些是平躺著。「它們睡覺，它們醒著，它們睡覺，它們醒著。」「妳遇見很多屌，」我說：「睡覺的還有醒著的。」「那很噁心！」她重複說著，接著就一直在整張紙上塗粗線，直到看不見陰莖。

接下來就是探索這些男人基於病態娛樂的心態而剝削並虐待這女孩的一些過程。為了避免讀者有替代性創傷，我在此會省略一些細節。簡單來說，這孩子從她父親和一群朋友的極端虐待中倖存下來（現在他們全部因罪刑入獄）。

在接下來的幾週，我對裴西指出「屌」的正確用語，在此後的工作中我們就用「陰莖」取代。她開始出現有關虐待的鮮活夢境，並且經常半夜醒過來，而瑪麗正好發現她在做夢。她持續探訪她姨媽和表姊，而且當男孩子們圍繞在表姊身邊時，她會有點過度警覺。有一天她問瑪琳有沒有看過男朋友的陰莖，瑪琳說沒有，同時還說男朋友讓她看陰莖並不是一件應該做的事情。（我必須說愛思拉和她的孩子簡直是完美的共同治療師，總是適時出現絕佳的直覺回應。）

我治療過的另一個孩子曾經用黏土做出很棒的陰莖作品，之後我們還幫它穿衣服，並且為它命名。我認為這對裴西會是一個蠻好的介入，而她起先真的非常投入於用棕色黏土做出一根根陰莖。我記得她把一根陰莖直立在桌上，然後猛力往下一壓，黏土就黏在桌上。接下來她把它撿起來，平擺在桌上。「陰莖有時候睡覺，然後就醒過來。」我要她讓我看看那是怎麼一回事，她就拿著橫躺著的陰莖，用雙手包覆住陰莖，開始上下移動

她的手。當她這麼做的時候，她用驚恐的眼神看著我。「看起來像是有人教你如何移動雙手來讓陰莖醒過來。」她沒有回頭看黏土陰莖就停下動作，看著我說：「我很噁心。」我再次回應：「這些男人很噁心，要妳摸他們的陰莖。」她站起來離開桌子。「我恨他。」她用極輕柔的聲音說。「聽起來妳對他很生氣。」「他是很壞很壞的人，我恨他。」我說：「我了解，我想妳真的氣壞了。」我走過去，並且說：「我很想知道我們怎麼讓這些陰莖知道我們真的氣壞了。」她走過來，拿著一個空的可樂瓶，開始壓扁那些陰莖。我說：「這是其中一種方法。」接下來她用拳頭不斷猛打。這看起來是一個很好的宣洩釋放，我開始要她邊打邊放話。「假如妳的拳頭會說話，這時它們會說什麼？」她說：「你不能再這樣對我了，你不能再這樣對我了！」她抓起棕色的陰莖，將它丟進垃圾桶。她說：「去死吧！」我重複她說的話。

在這次單元之後，她問了很多問題，有關於她為何會被虐待、男人為何會想要那樣做、陰莖為何那麼壞等等。她也問有好的陰莖嗎？這些問題來得快又急，我只能盡己所能回答：「她會被虐待是因為她在那裡，沒有別的原因。」「那些男人想法有問題，才會讓他們做出不好的選擇並且傷害別人。」「陰莖並非天生就壞或傷人。」「有些陰莖很好，對別人很尊重。」

她又問了別的問題：「我結婚之後必須做這些噁心的事情嗎？」以及「妳看過陰莖嗎？」

哇！我吞一吞口水。「慢慢地妳會長大，讀小學、中學和大學，然後妳會長成女人，然後妳可能會遇見一位妳愛的人。當人們彼此相愛，他們會用身體來展現對彼此的愛，那稱為做愛。做愛與受虐非常非常不同。妳會有很長一段時間不必擔心這個問題。」

還有，最後我吞一吞口水說：「當我長大成一個女人，我遇到了跟我

結婚的那個男人，而結婚之後你們會用很多方式對彼此表達愛意。是的，當我與我丈夫結婚，我遇見一個很好的陰莖，所以我有見過一個很棒的陰莖，沒有傷害我或任何人。」

我通常不會回答個人的問題，這次的回答是一個很特別的例外，但是從我們所做工作的脈絡來思考，我覺得有必要回應她。我很高興提到裴西了解我說的話，而我之所以知道，是因為大約一年之後她告訴愛思拉有關我們的對話，而愛思拉也補充提到她也曾與一位很好的男人戀愛，他擁有一根很棒且溫柔的陰莖，不曾傷害她或其他人。

陰莖工作持續了兩個月。裴西習慣製作黏土陰莖或是畫出它們，然後再摧毀它們。有時候她會剪下一些怪物圖片、畫下來、剪下來，並且將大又醜的陰莖黏上爪子，然後將圖畫撕成碎片。之後，她將一根黏土陰莖放進像監獄的盒子，盒子有鎖和鑰匙可以開關門，門上還有門閂。她會將陰莖放進監獄，然後自己戴上帽子假裝是法官。她會宣判：「你和你的壞陰莖終生都要進地獄，我是指監獄。」我通常會重複她所說的話，而我也注意到她的聲音越來越能表達且越大聲。但是有時候，她又似乎在懇求獄中的陰莖回答她的問題：「你為什麼要那樣對我，爸爸？」以及「你為什麼要讓別的男人像布娃娃那樣糟蹋我？」有一次她告訴我：「他沒有答案，但是我告訴他必須一直想，直到有答案為止。」有一天她咯咯笑地對我說：「他永遠出局了！」

另一個沉痛時刻是當她把同一個牢房裡的一個小型女性物件黏到她指稱為父親的陰莖上面。她站在小箱子旁邊，用她的手把箱子朝向她的臉。「從現在開始我沒有你們兩個人了，你們兩人都離開我了。」她把箱子放下，神情哀傷了一陣子。我對她說：「父母兩人都離開一定是件難過的事情。」她沒有回應，但有一天她帶另一個女性物件進入監獄並且讓她在那裡對母親和父親說話。「你們的損失，我的獲得。」我只能假設那個人是

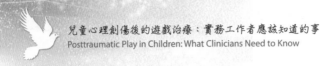

瑪麗小姐或是愛思拉。

　　創傷後遊戲明顯出現幾個月，但隨著問題浮出表面，心理教育的機會也就出現。此外，製作黏土陰莖的某些具創意又有感官刺激的工作使得裴西得以說出她曾目睹或經驗過的性行為。一旦那些記憶浮現，我們就得以追蹤她的想法、感受和感官知覺，以及她在整個受虐過程中的防衛機轉。她使用一種失自我感（depersonalization）機轉，想像自己是一尊木製雕像，不會破也不會受傷。「你知道牛仔和印第安人和他們的馬所配掛的木製雕像？」我想我知道她指的是什麼，但她又補充：「那些東西很硬，像水泥一樣。」有一天她在胸前和後背各放了一個盾牌，並且要求我找一些可以放在她腳上的木片。我請我丈夫切割幾片正確尺寸的木片，然後把它們綁在她的腳上。她站在那裡很長的時間，並且說：「我還在這裡，你只是看不到我。」她描述這種隱形能力是她很快且很容易就獲得的能力。很明顯她的防衛策略很早就有，並且幫她很多。她提到已經很少再假裝是木製雕像，因為「我只是不再需要了」。

　　我們也致力於裴西的某些認知扭曲，包括是她讓父親變成壞人、所有陰莖都會傷害她，以及未來她還是會再遭受虐待。在我們致力於這些工作的時候，她對於表姊的男朋友就顯得比較自在，而且對男人的焦慮也普遍減少。愛思拉偶爾會與一位男士約會，而這也給裴西另一個機會去看到有些男人很和善、安全。裴西也與學校中的一位男老師發展出溫暖的關係，她堅持以前曾經遇見過這位老師，但不記得在哪裡或何時見過。

　　我非常高興提到在進入治療之後一年，愛思拉對裴西做出永久的承諾，並且成為她的養母。我參加了在法院舉辦的收養儀式，之後也在餐廳與她們分享披薩。裴西已經有了長足的進展，現在越來越可以讓自己依賴愛思拉。在我們的個別治療結束與正式收養之間，我們進行了幾次愛思拉和裴西的親子聯合會談，幾次愛思拉、裴西和瑪麗小姐的家庭治療會談，

以及幾次愛思拉、瑪琳和夏蓮的家庭治療會談。

我繼續與裴西工作了一年，但不一定每週一次。她與新家庭經歷了預期中的「蜜月期」，然後出現了一些挑戰行為。她的表姊們很能接納並且提供同理回應，即使她們有時發現她很怪又很惱人。愛思拉有極為堅強的力量和承諾。這個孩子有一段時間開始經驗到帶點退化的正常家庭生活（她要跟媽媽睡在一起、她會學嬰兒說話的樣子、每天晚上要媽媽幫她梳頭髮並且帶她上床）。愛思拉的直覺無懈可擊，裴西的自在及安全感直線上升。我有信心不管出現何種挑戰，愛思拉都已建立好堅固的基礎，終將找到正確的方式加以處理。我對她的信心來自我們的信念一致，她相信自己收養姊姊唯一的孩子並且能給她蘿拉無法給予她的生活，是一個正確的決定。

結語

雖然孩子會使用各種有創意的方式來獲得倖存，長期性虐待對孩子仍然有長期的影響。這個九歲女孩利用足夠的解離來讓自己避免立即的痛苦及苦惱，但在此同時，解離是一種區隔化的方式，會讓創傷經驗難以整合到連貫的記憶當中。缺少了這樣的連貫，經驗的片段化就會持續，處理就遙不可及。這個孩子很重要的是獲得記起且處理創傷經驗的治療經驗。她選擇創傷後遊戲來重新演出她的記憶、釋放情緒，並且將她的無助感轉化成主動且動態性的力量及控制復原。裴西的獨特在於沒有傳統的症狀：她透過隱形、配合及調整而達到適應。她從很小就靠自己，非常的自我仰賴。某種程度來說，她有點假性成熟，容易讓人誤以為她很堅強。透過創傷後遊戲，她面對了她的情緒，並且找到了表露情緒的方式。她提出了多數孩子無法想像到的問題，而她最終能夠接受家庭成員的愛和情感，即使這些家庭成員是在她最不堪的時候遇見她。她們不曾評斷她或催促她；她們單純邀請她成為家人。這個案例讓我整顆心充滿溫暖。

Chapter *12*
霸凌的恐怖經驗

我第一次遇見美蒂的時候她十二歲。這一章所描述的是她在七年級發生的經驗。美蒂被她的學校諮商師黛安女士轉介過來接受治療，黛安女士強烈覺得美蒂需要見治療師，因為她有憂鬱症狀，而且對上學興趣缺缺。黛安很快指出美蒂的成績一再退步，而且只是在混，並沒有真正在努力。根據黛安的說法，美蒂很聰明，只要肯努力全部科目拿優等絕對沒問題，但她在過去兩學年的成績實在滑落太多。黛安感覺好像發生了什麼糟糕的事情，但又猜不出是什麼事。她與美蒂的父母已建立良好的關係，他們對美蒂投注許多心力，行事態度也中規中矩。黛安說美蒂的父母非常擔心她的狀況，因此很快遵從她的建議，帶美蒂前來接受治療。

初次晤談

黛安對這對父母和他們擔憂事項的看法一點都沒錯。他們還留意到美蒂在行為上的變化，好幾次問美蒂是否過得順利。他們描述美蒂是一個「完美」的孩子，一切都不用讓他們操心。在三位弟妹出生之後，美蒂成為完美的大姊，兒童期經驗也都很順利。美蒂的母親懷孕過程很正常，美蒂也按照預產期出生，沒有醫療上的問題。母親餵母乳餵了幾個月，然後順利改餵牛奶。美蒂兩歲前外婆有來協助照顧，每個孫子女出生的時候她都會這麼做，也讓這對父母的工作沒有受到太多中斷，只有在孩子出生前後休息了一陣子。卡迪夫婦在大學時代相識，都念到碩士畢業，專長是電

腦科技。他們在不同公司裡面都有很好的工作，也樂在成功的生涯經驗，這讓他們每年都可以帶四個孩子一起休假旅遊。

卡迪夫婦談到不能理解美蒂怎麼會體重增加那麼多。他們無法理解為什麼她會吃那麼多，還會偷藏食物在房間裡。他們對這件事不知道該怎麼辦，似乎對女兒超重二十幾公斤這件事感到不好意思，因為小兒科醫師已經把她列為「明顯肥胖」等級。她的爸媽說已經試過許多方法來幫助美蒂，但她還是越來越退縮、不配合。卡迪太太說她很怕跟女兒談到體重的事，因為她都會無法止住淚水。她還說他們一年來也經常討論是否要帶美蒂接受治療，但都沒有真正成行，直到黛安女士給他們一個具體的治療師姓名和電話號碼。黛安女士的擔憂讓他們很煩惱，也讓他們確信美蒂有了麻煩，需要專業上的協助。黛安女士告訴美蒂的父母美蒂經常受到班上某些同學的嘲笑，因此她把自己孤立起來，經常顯得傷心、沮喪。在初次晤談單元中，美蒂的父母詢問如何幫助美蒂處理體重的問題。此外，他們想要幫助她重新打開他們的溝通管道；他們以前與女兒有過親近的關係，很想要再次回到那樣的光景。在此當下美蒂的父母覺得無法靠近她，也感覺到美蒂應該發生了一些無法告訴父母的事情。

🌑 與美蒂個別會面

說美蒂顯得傷心還是低估她的狀況，一見面我立刻了解黛安為何那麼擔心這個孩子。她幾乎沒有眼神接觸，聲音輕柔得幾乎讓人聽不到，而且對探索房間似乎不感興趣。我是先問過她父母有關她喜歡做些什麼，他們提到她的興趣是別的國家。我拿了幾本《國家地理》雜誌，並且在治療室裡明顯的地方放了一個大型地球儀。我也告訴她我來自不同的國家，正如她的祖父母及父母來自中國一樣。事實上，我告訴她說我的父母都是厄瓜多人。我問她是否曾經去過中國，她告訴我暑假的時候她經常回去探望祖

父母。我告訴她我會講西班牙語,想知道她會不會講中文。她說會,也提到祖母在她小時候曾經教過她。

剛開始幾次單元很難熬,美蒂的身體似乎很不自在,她的每一個互動彷彿都有點笨拙。她的不自在也弄得我很不自在,我發現自己做得比以前辛苦很多。

外化與涵容

美蒂問我有沒有芭比娃娃,同時說她媽媽不讓她玩。我說我有芭比娃娃,然後從儲藏櫃裡拿出來。她玩芭比娃娃的方式不太尋常:她脫下娃娃的衣服,把娃娃的手指搬弄到身體旁邊,然後拿娃娃猛擊桌子。她敲得很用力,我不得不要求她慢下來,因為她把桌子撞擊得出現凹痕。她要求提供另外兩個芭比娃娃,我搜尋了儲藏櫃再找出兩個娃娃。有了三個娃娃之後,她就設計出一種特別且顯得重複又有高度結構性的遊戲順序。每次進來她就做以下動作:

> 拿出娃娃,脫下娃娃們的衣服,然後丟掉衣服。
> 拿著娃娃並且將它們放入桌子裡面。
> 上廁所休息。
> 用雙頭龍嚇三個娃娃。
> 照顧小型的棕色娃娃,並且梳整它的黑頭髮。
> 把娃娃們放在看不到的地方然後離開。

每個動作耗時五到十分鐘,同時她還專注地看著娃娃。整個過程她都很安靜,除了把娃娃放進桌子裡面以及壓下桌蓋時。她也會讓雙頭龍對著桌子裡面的娃娃大吼。在她照顧她的娃娃時,她會把它抱得很近,並且哼

歌給它聽。

這樣的遊戲持續了大概十到十二次單元，美蒂逐漸開始有更多的眼神接觸及笑容，但她的笑容都很短暫。在照顧娃娃的時候，美蒂顯得疏離和恍惚。在仔細記錄遊戲順序之後，我也跟學校和家裡核對了她在這兩個處所的情況。父母說她情況一樣、沒什麼變化，黛安女士說美蒂的老師發現她更不專心、更情緒化。他們都很擔心美蒂的情況會越來越糟。

我很有興趣看看她的遊戲如何演變，以及當她的角色變得更主動之後，遊戲如何變得更明確：有三個娃娃被藏起來，但有一個怪物發現了它們，還會嚇它們。除了遊戲順序之外，她發現必須照顧第四個娃娃，因為它就像是一個幼小的嬰兒需要安撫和保護。根據她在治療室裡行為的直覺判斷，我開始懷疑美蒂和她的手足們發生了某些事情（三個娃娃和三個手足，而引入一個保護的父母可能是希望她媽媽可以更投入及更滋養）。我開始對遊戲做出描述性的評論，一開始她不喜歡我所做的方式（她用著挫折的眼神看向我），不過之後幾乎完全忽視我。我做出一些開放式的陳述，諸如「我好好奇這些女孩是誰」以及「我好想知道這些女孩是不是朋友或姊妹」。她沒有回應。對我的陳述「我好想知道這些女孩在桌子裡面做什麼」，她回答：「這些女孩在桌子裡面沒穿衣服……有人脫掉她們的衣服。」她還平靜地說：「雙頭龍正在對女孩們吼叫。」我說：「雙頭龍來到附近吼叫的時候，我想女孩們一定很害怕。」她幾乎沒有回應，但當我描述她正在「抱著嬰兒且唱歌給她聽」，她看著我並且說：「她不害怕，她很勇敢。」我回應：「她在媽媽的懷裡很勇敢。」她有點挖苦地說：「反正她就是很勇敢。」

有一天我問：「雙頭龍來到附近的時候，那些女孩覺得怎樣？」最後她回應：「那些是壞女孩，她們活該。」我重複她說的話，然後問：「這些女孩做了什麼活該受苦？」她把嬰兒抱得更近然後說：「她們把她的生

活弄得很悲慘。」在這個互動之後，美蒂說得更多，並且畫了一些有力量的圖畫，然後在離開單元之前將圖畫撕掉。圖畫中是三個女孩在廁所裡面痛打及傷害一個孩子。她們強迫她脫掉衣服，也會打她胸部和捏她，導致她胸部和腹部瘀青。她們還要她在她們面前尿尿，然後一直大笑，同時說這個女孩上廁所很「噁心」這種很過分的話。這個遊戲很有強制、重複及強烈的特性。美蒂的情感很侷限，當她看著桌子裡的女孩們時經常出現解離。

我開始表達我很擔心那些女孩每次都要脫光衣服在書桌裡面。「我很擔心她們，我猜沒有人知道她們被關起來」，還有「我確信那些女孩很討厭有人把她們的衣服脫掉」。我鼓勵美蒂在想到桌子裡面沒穿衣服的女孩時要有同情心，即使她們很過分。我說：「沒有人應該要被脫光光關起來。」她說：「她們活該！她們很過分！」我繼續做出同情的評論，因為我覺得美蒂正開始要順從我的主導。我說：「過分的人並不是天生就過分，她們一定是很不快樂的人。」她卻說：「不對，她們就是很過分，不需要替她們感到難過。」此時我把握了這個機會點，說：「我們應該替誰感到難過？」美蒂回答：「她們用這種方式對待的那個真實的女孩……」我對美蒂說：「噢，我的天，我討厭知道有一個真實的孩子正在受傷，而我們卻幫不了她。」她認真問道：「為什麼我們不能幫她？」我說：「嗯……因為我們不知道她是誰。」美蒂說：「假如我告訴妳呢？」我謹慎斟酌我的用語：「那我們就會很努力去幫助她。」此時美蒂用第一人稱說：「可是如果我說出來，那她們會傷害我更重，並且把我尿尿的照片拿給所有人看。」我靠近她，把她的手放在我手上，溫柔地說：「美蒂，假如真有女孩傷害妳、脫妳的衣服、捏妳、要妳在她們面前尿尿，或是拍妳的照片，我保證會讓這種虐待行為終止。」我繼續說：「過分的女孩之所以過分，是因為她們認為沒有人可以阻止她們，但是美蒂，假如她們正在

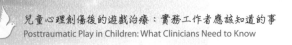

傷害妳，我們會讓學校知道這件事，而且我們會讓她們不能再傷害妳。」
美蒂說：「妳阻止不了她們，她們真的真的很過分，而且真的真的很強。」
我一再向她保證，父母、老師、校長和我比那三個過分的女孩強過許多！

　　最終，美蒂說出整學年都殘忍對待她的那三位女孩的名字，而校方人員也很嚴肅地看待她的訴求。一開始學校社工很難相信這些事件竟然會在學校發生卻沒有人知道——第一次聽到美蒂的陳述時校長也曾猶豫過。值得一提的是，在我所工作的地理範圍內，這件事是最早正式記錄的霸凌案例之一，因此當時所能運用的防範措施其實並不多。對這類型攻擊行為的認識在當時還不普遍。

　　在警察詢問美蒂之前，她已經充分獲得父母的支持，她的老師也針對未能保護她而向她誠懇道歉。學校人員將三位犯過者停學，之後也被退學並被轉介去接受密集治療。美蒂清楚描述三位同學的惡行，一開始是嘲笑她，然後是將她帶到廁所角落，要她脫掉上衣並且捏她的胸部和腹部。這些女孩殘忍地指出美蒂體重一直在增加（與她所處的壓力狀態高度相關），並且說她聞起來很臭。她們說她在學校時會有一股臭味，而她們也知道她何時不在學校，因為那時候空氣聞起來好聞多了。

　　從我的經驗來看，她們的虐待不是沒有先例：她們辱罵她，偷她的午餐和午餐錢，威脅要脫掉她全身的衣服，而且還絆倒她然後踩她的腳。當美蒂清楚表示她活在長期的創傷情境中，怒氣找到了出口。當我找卡迪夫婦到辦公室並且告訴他們我所知的一切，以及我要告知有權利調查的學校當局的行動，他們顯得手足無措。我告訴他們要說出這一切對美蒂有多困難，因此她是邊說邊流淚。我要他們有耐心，讓美蒂做好跟他們談的心理準備。美蒂知道我會跟她父母及警察談，心裡面似乎很擔心，但是她接受我告訴她的——也就是，她值得在學校獲得安全，而且也應該阻止那些女孩去傷害其他任何人。我教導父母只要告訴美蒂他們有跟我見面，聽說了

在學校發生的這種可怕情況，而他們也能夠理解她害怕到不敢對父母說。

父母和我討論過在我向當局報告且當局在晤談學校相關人員期間，美蒂要不要上學的事情，父母覺得最好不要讓她回到那麼多次虐待發生的地方，而美蒂也很感謝父母把她從很令人恐懼的學校帶出來。她很想要轉到另一所學校，在比較安全的情境下重新開始。在她轉到新學校期間我持續與美蒂見面。

🔵 美蒂遊戲的改變：釋放能量與啟動資源

美蒂使用一支魔術棒並且給自己取一個魔術師名字：雀兒喜。她的角色由雀兒喜暫代，並且將壞孩子變成好孩子，好孩子變成壞孩子。當好孩子變壞，他們會對朋友做出令人痛恨的事情。他們會藏別人的食物，剪別人的頭髮，並且將別人推倒和踐踏別人。同時壞孩子變好，央求魔術師幫忙讓孩子們獲得安全。遊戲變得非常狂亂，很難看懂究竟發生什麼事。美蒂的話說得很急，動作有點抽搐，有時候還會停下來看著眼前的娃娃，神情變得彷彿自己不在這個房間一樣。遊戲在接下來數週變得更加強烈，而當遊戲演變得不像治療早期那樣僵化和有結構，她明顯有所苦惱。我把這個當作是好的跡象，因為當她挑戰了之前情感和動作的侷限性，她似乎就釋放了能量。我的猜測是，由於離開學校以及與重大壓力保持距離，她目前就得以外化某些她遭受的虐待。此外，她父母的支持帶給她很大的力量。他們報告說她能夠更自在地與他們相處，也會尋求他們的安慰。卡迪夫婦很訝異於美蒂所遭受到的虐待程度，也告訴她有新的訊息就會打電話問警方。警方也相當支持這對父母。其中一位警官與美蒂發展了良好關係，經常會問美蒂在新學校過得好不好。

對美蒂來說很幸運的是這幾位女孩很快就承認自己的殘忍行為，因此美蒂不需要證明虐待真的發生過。她的父母很滿意退學的處分，也不想要

女兒暴露在額外的閒言閒語當中；他們也很滿意學校的新政策和處理流程。校長、老師和社工師都去探視美蒂，並且謝謝她勇敢地說出事情始末。他們都告訴她由於她的勇敢，其他孩子現在就能夠比較安全，而過分的女孩們將會獲得她們所需要的協助，以避免再度傷害別人。

美蒂也收到傷害她的那三位女孩每人一封信，她們在信中向她道歉對她做出那麼多殘忍的虐待行為，同時也告訴美蒂其實她沒有做什麼不對的事情引起她們的怨恨。美蒂讀過信件並要我替她保管這些信。她說不想在家裡留有這些信，因為那是傷害她的人所寫，但是未來某個時間點她或許會想要再重讀一遍。

正如前面所提到，美蒂在她的創傷後遊戲中找到自己的聲音。在雀兒喜這位魔術師的角色中，她不帶任何憐憫地處罰了這些很過分的女孩。她讓其中一位女孩把對美蒂所做的一切都報應在那些女孩身上。當受害者娃娃哭泣或抗議的時候，她有時候會大笑。她有時候會將好女孩丟向牆壁，同時告訴她要「強悍一點！」並且問她「為何」她要任人踐踏。此外，在幾次單元中她讓雀兒喜在受害孩子（一次只有一個受害者）身上施加不同類型的咒語，新的咒語會讓受害者「大腦、心臟和肌肉都長出無限大的力量」。這個經過強化的受害者能夠擊退加害者，只要屏住呼吸就能夠讓加害者碎成千萬片，還可以將受害者綁起來送到一個只能靠自己智慧求生存的島嶼。（她在我耳朵旁邊耳語：「我會留一點點智慧給她們，好讓她們能夠活下去。」）

● 適齡的解決與結束

美蒂最終能夠表達出她的害怕和擔憂、她的希望和渴望，並且揭露助長她過重的所有負面思考。她會告訴被害娃娃：「妳很醜而且又臭」、「妳算哪根蔥」，以及「沒人在乎妳，也沒人注意到妳醜陋的身體上布滿疤

172

痕。」因為過重、因為愚笨，以及有時候因為是中國人和「外來者」，她不斷被嘲笑。加害者打算撕碎、剝奪她的自尊感。她無法尋求父母協助的這個事實讓她在每天忍受的羞辱中更加孤立和脆弱。

她遊戲的時候情緒相當投入；她說出並引證了許多虐待事件，同時運用遊戲來修正及重新導向她的攻擊性。她盡情地處罰那些過分的女孩，在這麼做的時候房間裡充滿了強烈的情緒。一點一滴地，她把她自己從受害者的自我感知轉變成更有力量的女孩，足以自我保護。她能夠回應那些施虐者，堅定的大聲說出她不臭，她也不笨，還有我最喜歡的一段話：「我可能有一點胖，但我可以減重；你們卻甩不掉過分這件事實！」她開始很自然地談到父母會如何幫助受害的孩子，因此我建議讓她父母進來參與，她可以決定要告訴父母多少有關虐待的事情。在此重要時機，一致的敘事得以出現，她的記憶也獲得處理，同時表達了害怕和擔憂，最後重新奪回了她的良善及公平。

美蒂曾問我是否要把所有的事情都告訴父母，我告訴她可以決定要說多少，只要能讓父母了解她所忍受的情況，也讓他們在她需要的時候可以陪著她。美蒂同意，我們花了兩個單元在卡片寫下要告訴父母哪些事情。即使在挑選要告訴父母什麼的過程中，還是需要謹慎和深思熟慮，以避免父母知道太多。必須一提的是在她的創傷後遊戲中，魔術師雀兒喜對父母和老師下了「什麼都不知道」的咒語，然後又改變它。美蒂其實是要顯示，即使她很高興父母將她從學校帶出來，她還是生氣他們完全不知道她有了麻煩。施虐的女孩曾經威脅美蒂，假如她將虐待事件告訴父母，她們會傷害美蒂的妹妹。美蒂有一個妹妹就讀低年級，美蒂很擔心妹妹會因此遭受虐待。這種保護妹妹安全的能力及意願有助於她重新找回她的自尊。

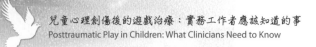
聯合單元

正如之前提到，美蒂似乎已經準備好要告訴父母有關她所忍受的細節。卡迪夫婦對虐待事件有大致的了解，但他們多聽一些會有用，如此美蒂才能夠充分將他們當作繼續向前走的資源。此外，我認為很重要的是美蒂要從父母那裡獲得安慰及再保證，而這些安慰很有希望在這些單元中出現。

至於卡迪太太的部分，她必須克服對事情一無所知的罪惡感。她責備自己沒有發現到虐待的身體徵兆。她甚至根本沒有想到孩子受到虐待的可能性，反而聚焦在她的肥胖問題上面。每當美蒂蓋住她身上的疤痕，她母親單純認為她只是在掩飾，因為她對自己身體的肥胖有自覺意識。卡迪太太對這幾次會面很焦慮，因此卡迪太太的治療師和我協助她在這幾次會面中將焦點放在孩子的需要上面。卡迪先生很渴望參加，也很高興她女兒願意更清楚地對他們表達。

這幾次單元相當具有挑戰性而且深刻，同時也相當成功。美蒂在單元中可以掌握談論的事，而她父母也同意她所有的需要。有時候美蒂單純利用卡片對他們說明事實，有時候她會用房裡的娃娃述說故事。她沒有告訴父母所有的故事，而且在告訴父母的時候明顯克制了許多。但是她能夠直接表達對他們的生氣，因為他們沒有看出她需要幫助。她的父母用一種真誠且值得信任的方式道歉，顯示他們將美蒂的需要遠遠放在自己的需要之前。美蒂充分體會到他們的同理回應。他們之間很少有身體接觸，但在離開治療室的時候他們有時候會手牽手。美蒂告訴父母，將來萬一在學校發生問題但無法詳細告訴他們時，她會如何「打暗號」。他們最後的做法是，假如她面臨苦惱，她會遞給父母一張紅色卡片。她的父母詢問萬一她又閉口不說時該怎麼辦，美蒂告訴他們可以要她寫下來，那麼她就會把害怕及傷害她的事情寫在信件或紙條上遞給他們。

結語

　　美蒂的症狀屬於中度，但沒有逃過學校社工的眼睛，她對美蒂在學校突然的行為改變很擔心，而她的直覺告訴她美蒂的生活出現了問題，因此她打電話告訴父母並且轉介美蒂接受治療。

　　美蒂能夠運用創傷後遊戲將自己從無助的位置中救拔出來，並且對極為困難及痛苦的情境發展出掌握和個人控制。她的遊戲既象徵又直白，而且越來越有動態性。美蒂能夠為重複的遊戲注入一些差異，並且很清楚地利用它來確認遍布瀰漫的無助，也從數月來對她嚴重傷害的人身上找到正義。美蒂在遊戲中做出在現實生活中不能做的事，而一旦遊戲提供了釋放及紓解，她的家人便獲邀來了解更多有關她的經驗以及可以如何幫助她。

　　聯合單元對所有家庭成員都很有效且很有幫助。它們讓美蒂重拾信心，相信她自己和別人的良善，並且接受家人（包括手足）的溫暖。急性的危機已經解除，而美蒂已經轉變成一個較不脆弱且更有自我效能的孩子。由於創傷後壓力障礙症的幾項症狀持續了一段時間，美蒂與其他受虐兒童參加了一個團體治療。與其他受害者兒童會面及互動有助於她減少汙名感，也更有信心覺得自己不是因為感性和柔軟以外的特質而被挑中，而這兩種特質是她認為很好的特質。

Chapter 13

我自己會出來

我第一次遇見夏樂莉的時候她實際年齡四歲，但發展年齡才接近兩歲。她當時正好在第二個寄養家庭居住，而她是在兩歲的時候從生父母身邊被帶走，原因是嚴重疏忽。她目前的寄養媽媽是史太太，已經照顧夏樂莉十個月了。她第一個寄養家庭的爸爸生病了，因此要求夏樂莉離開那個家庭。史太太最近很驚慌地打電話給家庭服務部，表示自己需要協助，因為夏樂莉似乎沒什麼進步，仍然沒太多回應、經常哭泣，而且很難安撫。史太太覺得夏樂莉跟她沒什麼連結，自己也感到很絕望。史太太開始覺得夏樂莉就是不喜歡她，因此告訴社工員或許最好的做法是讓她安置到另外一個家庭。社工員做了很正確的決定，沒有將孩子再次帶走，而是將史太太和夏樂莉轉介治療，看看夏樂莉是否可以透過協助而改變某些行為——具體的說就是「與寄養母親的依戀議題」，以避免另一次安置。

🌑 初次晤談

我與史太太見面，發現她相當直率，也對夏樂莉的照顧很投入。史太太雖然是寄養媽媽，但是她非常希望領養一個「屬於自己」的年幼小孩。史太太告訴我一個令她心碎的故事，之前她曾經有機會領養一個她照顧過的年幼孩子，但卻在領養聽證會舉行之前不久發現孩子的一位親戚願意收留孩子。她說自己從未有過這樣的心痛，但最終她了解到，養育孩子的快樂還是超過事情無法如願所帶來的痛苦。她描述養育第一個寄養孩子的經

驗像是「全然的天堂」。她一路說到來自孩子身上的高期待以及她所渴望的無條件之愛。因此，一點也不驚訝會聽到她對夏樂莉缺少情感、退縮以及對房子害怕和焦慮這些事有多失望。她以憂慮的聲音說：「照理說她現在應該跟我越來越親近才對，天知道我已經用盡一切方法讓她感到安全和自在，但不管我怎麼做，她就是沒有改變。」她繼續提到她最大的擔憂是夏樂莉從不尋求她的協助，似乎一點都不需要她。她一邊說一邊哭。我很清楚史太太有許多愛想要付出，當然很想要找到最「適配」的。我們之間有關依戀和早期創傷方面的對話停留在理性層面，我也留意到這位母親的理解相當疏離。

史太太告訴我她參加過的所有課程，以及她讀過的所有文章。很顯然她在依戀主題方面已經擁有超乎常人的水準，但可惜的是，她的期望也隨之升高，並且認為孩子那麼年幼，只要她保持一致和同理，孩子應該可以接受她的滋養行為才對。史太太拿出她的手機，秀給我看她在睡前讀書給夏樂莉聽的影片，片中的夏樂莉躲在被窩裡不想被抱，而且還把頭轉向一邊。她說影片裡的情況就是她和夏樂莉互動議題的最佳寫照。我很清楚知道她把夏樂莉的行為解讀為拒絕，並且認為夏樂莉努力在不熟悉的人面前保護自己的行為是針對她。

在她離開之前我問她目前對孩子有何感覺。「我第一眼見到她就很愛她，」她用很有同理心的語調說著，接著補充說：「我還是很愛她，但我希望她也愛我，我感到孤單，好像被推開一樣。」當然，我告訴史太太她沒有放棄是正確的做法，她的堅持一定會有回報，而且我會盡最大努力來幫忙。我們預訂了與夏樂莉見面的時間，同時我請社工員寄給我有關夏樂莉的書面資料，以及當初導致她進入寄養照顧系統的情況。我曾經問過史太太有關夏樂莉的早期發展情況，她告訴我她不知道詳細情形，只知道她曾被疏於照顧、營養不良，以及未受適當保護（後來我發現真正情況更加

嚴重且令人煩惱）。

🌑 開始治療

夏樂莉與史太太一起進到等候室的時候並沒有握史太太的手，後來坐在她旁邊，還用嘴巴吸著大拇指。她用著相當有節制的警戒心看看房間，但是相當安靜。我問她想要單獨與我到遊戲室或是跟史太太一起，她就直接走進剛剛我走出來的房間。我立刻跟著她，但此時我留意到史太太眼中流露受傷的眼神，因為夏樂莉離開的時候沒說一句話，也沒有看她。

我帶她隨處看看，告訴她我是誰，也問她是否知道為何她要來見我。她搖頭表示不知道。史太太曾經告訴我夏樂莉很安靜，用字很簡單。我說了一些事情：我的名字，我和兒童一起工作，以及我在這裡是為了多了解她，還有想知道她對於跟史太太一起住感覺如何。她完全忽視我。

我牽她的手走在房裡，她也沒有反對，然後我指著遊戲室裡面幾種適齡的玩具，因為剛剛她好像對玩具並不十分在意。她沒有表現得很熱切，但還是走到畫架那裡，想要用顏料作畫。她用不同顏色的顏料畫圈圈，而且沒有讓顏料碰在一起，一個四歲多的孩子要做到這樣需要有極佳的控制力。她不將顏料混在一起，安靜地往後站，運用所有可以用的顏料，然後停下來。

我的工作區有兩個房間，中間有一道門。第一個房間裡有一張沙發和幾張椅子，而第二個房間是遊戲治療室。畫完之後她走出第一個房間，然後爬上沙發發呆，不發一語。她吸著大拇指，看似相當滿足。我在她旁邊位置坐著，玩平行遊戲，也用放鬆的方式發呆。她沒有轉頭看我，但有時候會斜眼看我。在第一單元中我們用這樣的方式度過十五分鐘，然後時間就到了。我告訴她時間已經到了，以及下週我還會見到她。她走出房門，經過史太太身邊，然後離開等候室。史太太跟在她後面，要她牽她的手，

我看到夏樂莉勉強牽起她的手。

● 早期單元

在隨後幾次單元中，夏樂莉緩慢地移動及探索。她極為過度警覺，留意著房間內的每個聲響。我的工作區高掛著一台不太尋常的冷暖氣機，經常發出吵雜的聲音，而且啟動及休眠的時間不太固定。當她聽到腳步聲的時候也會往上看，儘管門外有一台消音機器用來減少噪音及干擾。我的隔壁就是另一位治療師的房間，只要她聽到一點聲響，她就會專注地仔細傾聽，然後再回到吸大拇指的動作。

夏樂莉在最早的六次單元中發展出一個常規動作，首先她會進到遊戲治療室，然後站著往四處看看，彷彿在鑑賞房間裡面的玩具。有時候我會懷疑她是否在端詳玩具擺放的一致性，或是在留意玩具是否不見了。有幾次我說某件玩具好像不在位置上，便去將它找來擺放。有一次我注意到她將一隻熊跟其他熊放在一個箱子裡面，然後說了幾句話，但她的眼神和身體保持一貫的固定不動。

多數單元中，她會有一半的時間坐在沙發上往外看，而我就坐在她身邊。在第七次單元，我帶來一些泡泡水，並且吹向空中。我讓泡泡朝向她的方向，泡泡便飄過她身邊。她用眼神跟著那些泡泡，於是我把泡泡吹得到處都是。我也試著將泡泡吹得更大，在房間裡面吹出一個大圈圈。我有幾次吹出大泡泡，她都很小心地觀看。另外有一次我起身開始追那些泡泡。我發誓這時我聽到了一次很輕的笑聲，假如我沒聽錯，那個笑聲非常的短暫。接下來，我吹出一些泡泡，讓它們在我身邊落下。我努力抓住在我手上的泡泡，於是它們就會破掉。最後，我吹的一個泡泡落在她的膝蓋上，停在那裡一陣子。我說泡泡沒有破，還停留在她膝蓋上好長時間。泡泡終於還是破了，而在它破掉的時候，她舉起手指去摸因泡泡破掉而變得

濕濕的地方。這些極小的身體動作及其隱含的能量鼓舞了我。

接下來幾個單元我持續坐在她旁邊吹泡泡，而她在進來房間仔細看過之後就會繼續用顏料繪畫。我們發展出一種自在且可預測的環境，她也知道我不會問問題以及期待她口語回應。取而代之，我評估她的身體動作、呼吸、眼神、行為的一些小改變。舉例來說，我留意到每當她要跨越分隔兩個房間的地上鐵片時，她的跨越動作就是特別明顯的一步。這個障礙似乎與她有關，在跨越之前她都會先停下來。

經過大約四個月，夏樂莉似乎更加輕鬆，也比較不那麼緊繃，同時能夠更自在地呼吸。她和我有了一個相處的常規方式，而這方式對她的要求很少。她喜歡進到房間、四處看看、移動一些東西、（有時候）彩繪，然後坐在房間的角落。有時候她會坐上十五到二十分鐘，有時候就幾分鐘，但不管她是靜止或活躍，坐下來似乎對她很重要。夏樂莉正在好好努力忍受新的治療環境。

史太太告訴我，每當到了我們治療單元的星期四，夏樂莉就會找出她的夾克穿上，然後坐在門邊，表示她知道當天是去接受治療的日子。史太太提到在家裡出現一個「美妙的明顯改變」，但她盡量不要表現得太興奮，因為她擔心它很快就會消失。她描述了那個改變，而這對我也很重要。我曾經要求史太太每天晚上花正好十分鐘抱著夏樂莉搖一搖。史太太起初說夏樂莉完全無法忍受被抱著，於是我鼓勵她拉把椅子坐，讓夏樂莉抱著她自己的絨毛玩具，然後告訴夏樂莉說她的寶貝熊需要被抱著搖一搖。夏樂莉每次都抱著同一隻寶貝熊搖，而由於史太太每天睡前都這麼做，後來不用特別交代，夏樂莉就會去拿寶貝熊。我交代史太太用計時器設定十分鐘。每晚這樣做經過一個月之後，夏樂莉要求「增加時間」，於是計時器改為十五分鐘，然後是二十分鐘。我認為這是很大的進展，而夏樂莉要求增加時間的時候，史太太欣喜若狂。

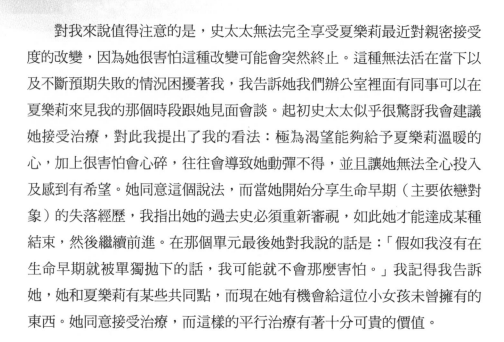

對我來說值得注意的是，史太太無法完全享受夏樂莉最近對親密接受度的改變，因為她很害怕這種改變可能會突然終止。這種無法活在當下以及不斷預期失敗的情況困擾著我，我告訴她我們辦公室裡面有同事可以在夏樂莉來見我的那個時段跟她見面會談。起初史太太似乎很驚訝我會建議她接受治療，對此我提出了我的看法：極為渴望能夠給予夏樂莉溫暖的心，加上很害怕會心碎，往往會導致她動彈不得，並且讓她無法全心投入及感到有希望。她同意這個說法，而當她開始分享生命早期（主要依戀對象）的失落經歷，我指出她的過去史必須重新審視，如此她才能達成某種結束，然後繼續前進。在那個單元最後她對我說的話是：「假如我沒有在生命早期就被單獨拋下的話，我可能就不會那麼害怕。」我記得我告訴她，她和夏樂莉有某些共同點，而現在她有機會給這位小女孩未曾擁有的東西。她同意接受治療，而這樣的平行治療有著十分可貴的價值。

🌑 開始創傷後遊戲：外化與涵容

在與夏樂莉見面的大約第五個月，一個新行為出現了。當她接近兩個房間之間的地板障礙，她一如往昔停下來，但這次她坐下來，讓身體在一個房間，而腳伸到另一個房間。她抱著絨毛熊，吸著大拇指。這個情況是發生在她在遊戲治療室做完探索遊戲，並且觸摸和移動玩具，同時留意到被錯放位置的玩具，然後要走到我的辦公室沙發那裡坐的時候。她喜歡坐在沙發上命令我「去」大房間等她（透過舉起她的食指下命令）。我遵照她的指示坐在那裡看著她的小腳丫，直到她最後站起來並走到沙發處加入我。

這個常規動作持續著，她在站起來之前會秀給我看她的腳趾頭、足部、膝蓋、腿，最後甚至是一隻手或兩隻手。她也會從牆的另一邊發出「噓聲」。我就會說：「我聽到噓聲。」但她都不回應。隨著時間過去，我

理解到在這個遊戲中，沉默與她的問題有關聯，特別是她有能力用噪音來打破沉默。一開始她會對牆壁丟東西造成小聲響，最後會製造出大聲響。我只會說我聽到了一個大聲響和一個小聲響。

一起坐在沙發上時，我們會玩許多遊戲。我們一開始用手去戳泡泡，然後用腳，接下來用頭等等。她在做這些動作時從來都不笑，身體也很僵硬，但她會遵從我的主導並且很仔細地看著我。有時候我們會坐在一起邊讀書邊聽音樂，或是玩彩色紙板盒，一個一個堆疊上去。

在她創傷後遊戲的早期階段中有兩件重要事情意外出現：(1)夏樂莉開始自行發出噪音，方式是先堆疊彩色紙板盒高塔，然後將它們擊倒，先用手打，之後用腳猛踢；(2)在建好塔狀物然後擊倒之後，夏樂莉使用這些盒子建構一座高高的正立方體，然後坐在它的中央。她要我坐在立方體的側邊，這樣我就不會看到她。這些行為最後證實與她特殊的創傷有關聯，也是她想要外化深藏心中的某些記憶之最早嘗試。

夏樂莉第一次看到不同顏色的厚紙板盒時，她完全忽略它們。在治療的這個階段，她開始探索遊戲室裡的某些玩具，而在特別的一次單元中，她拿出其中一個盒子，把它擺在地板中央。她把那個盒子擺平、站立，試了好幾次，然後再去拿第二、第三和第四個盒子。她的個子嬌小，六個盒子加起來就差不多是她的高度，而她似乎很享受建造塔狀物的樂趣，也很喜歡站在塔旁邊，手擺兩側，眼睛盯著前方看。幾週之後的另一次單元中，她舉起她的手握成拳頭狀，打掉最頂端的厚紙板盒，然後打掉第二層、第三層依序類推，直到所有盒子都被打倒。有些盒子會碰回來，有些會彈到一邊去；這是我第一次看見她笑。幾次單元之後，她用腳踢盒子，而當盒子飛得到處都是的時候，她咯咯大笑。當然，我跟著她咯咯大笑並說：「妳用腳踢那些盒子，它們飛得到處都是。呵！呵！好好笑。」她很快地又建造高塔，然後再踢一次，這一次她真的捧腹大笑了。這是她發出

來最美妙的聲音之一，那麼的真實和沒有壓抑。她一再重複踢的動作，最後總是讓我們一起笑出來。我很清楚夏樂莉很樂於製造噪音和安全的不可預測性，樂於建構和重新建構，也樂於分享有笑聲的互動關係。

這個行為後來演變成她在地板上建造一個小正方形物，然後她會踏進又踏出那個正方形物。後來當她踏進去的時候，她會站著並且將手臂擺往一邊，並且看著我，然後將嘴巴吹滿空氣。接下來她將空氣用力吹出去，讓房間充滿著很有力量的聲音。她又會笑出來，我也跟著她大笑。夏樂莉內在的某種東西正被釋放出來，同時她也正在探索安全的界線。

有時候她會坐在盒子的邊緣，然後向外看出去。有一次她看見我擁有的一個木製玩具，是一隻貓坐在架子上釣魚（有釣魚線）。她把那個從櫃子上帶過來放在她身邊，接下來她就讓自己的身體擺出好像也在釣魚一樣。夏樂莉和她的小朋友坐在盒子上面時，笑聲又更多了。接下來她示意我過去，而我知道這是一項重要的邀請，我必須接受。因此我盡我所能坐在硬紙板盒上面幾秒鐘，直到她站起來面向我。當她看到我屈膝縮身在盒子上面時，她又笑了，然後她就抓了一本書跑到沙發上，要我過去跟她一起坐。我當然也照做了。

當夏樂莉開始玩一個對她重要的遊戲時，方形物的牆就越來越高。

🌐 釋放能量與啟動資源

一旦牆面變得越來越高，夏樂莉總是會要我坐到她旁邊，這樣我就不會看到她。她會說：「哈囉。」而我也會回應：「哈囉，我坐在你旁邊呦！」有時候她會說：「呼嚕呼嚕，我正在睡覺。」我也會重複她說的話：「好，我也正在睡覺。」我留意到有些時候她會墊著腳尖看看我是不是真的在睡覺。大約四到五次這樣的遊戲過後，接下來夏樂莉就說：「我要喝水。」我說：「好，妳好像很口渴，我會拿水給妳。」我就去把一些水裝

到小塑膠杯裡,再拿給她。她全部喝光光,然後說:「啊,好喝。」之後她要求吃點心,因此在跟史太太商量之後,她拿來夏樂莉要的特別點心,我們先將點心擱在一旁,直到她準備好要將它們融入演劇遊戲當中。「我要吃點心了。」她會這樣說,我就會拿一小杯點心給她。她開始大聲地咬,我也提到她這麼做,之後我開始數出她到底咬了幾下(我可以聽到的)。她似乎很喜歡跟我這樣互動,最後,她的小手從開口伸出來,遞給我一塊點心,同時說:「只能咬三下。」因此我就咬三下吃完這塊餅乾。

最深刻的互動發生在有一次夏樂莉坐在小箱子裡面跟我談話或是要我做一些事情,然後她就說:「妳知道我還在這裡嗎?」「妳想要確認我知道妳還在箱子裡面,對,我知道妳在那裡。」「『妳』還在那裡嗎?」「是的,夏樂莉,我還在這裡,等著了解妳想要什麼。」有一天她說:「我想要握住妳的手指頭。」我便彎下腰來,因為她不喜歡我徘徊在箱子上面,然後我伸出手。她用兩隻手指頭捏我的手指頭,然後握住很久的時間。

在這個遊戲的最後,她移動了前面幾個厚紙板盒,把它們放到沙發前面。然後我坐在箱子的開口旁邊讀書給她聽,同時她還可以握住我的手指頭。我們就用這樣的方式讀了大約十本書。

接下來她拿掉了正方形物建構體的底部,如此一來開口就完全在前方。她要我坐在箱子的右側。「妳看得到我的腳嗎?」她會這樣問,同時在箱子裡把腳不斷伸出去、縮進來。「有,我有看到妳的腳。」我這樣回答。她就會問:「妳是真的看見還是假裝?」「我是真的看見,而且我可以看見妳的腳。」接下來她做出拱背動作,如此一來她的腿就幾乎碰到她的腳趾頭。「妳現在看到什麼?」「我看到妳的腳和手」,我這樣回應。在這樣做了大約七次單元之後,她用著我聽過最堅定的聲音說:「好,來把我弄出去這裡!」我很快行動,並且回應了她堅定的聲音:「我來了,我來了,我聽到妳說的話了。」我發現她做出彎身、前傾,手抓著腳趾。我

了解到她想要我把她整個抓抬起來。「我在想怎麼把妳弄出來，或許把妳整個抓抬起來。」我這樣說。她把手伸向我，我抓起她，將她帶離沙發。她把手圍住我的脖子，我就拍拍她的背。「妳要我把妳弄出那裡，我做到了。」「耶！」她喃喃地說，然後就熟睡了大約二十分鐘。我發覺自己當時正不斷地在回想遊戲順序，但我告訴自己要中止，讓自己單純停留在當下，拍拍她的背，輕聲哼唱。到了該離開的時候，我輕柔地叫醒她，她便揉揉眼睛，很快清醒過來。我給了她一杯水喝，然後握著她的手走去找她的寄養媽媽。未發一語，她把手伸向史太太。她牽著史太太的手，看起來又小又疲倦。「妳瞧她多需要妳的溫暖和安慰。」我對史太太說，她露出微笑。兩個人牽手走出等候區。

適齡的解決與結束

夏樂莉成形的創傷後遊戲持續了七個月，並且在隨後幾年出現了其他形式的創傷後遊戲，當時她已變得更加成熟，同時在認知上對她的早期經驗做了重新評價。

在第二階段的創傷後遊戲尾聲，我建議史太太買一座小帳篷給夏樂莉，而且她必須與夏樂莉一起進去帳篷玩。史太太買了第二組小茶具組，在帳篷裡開始與夏樂莉開茶聚派對。史太太說夏樂莉牽著她的手進帳篷，而且在該出來的時間也遵從母親的指導。她們在帳篷裡放了許多夏樂莉最喜歡的書，並且經常在睡前花整整一小時在帳篷裡。史太太完全相信收養夏樂莉是正確的決定，也不再懷疑自己是否能成為這個小女孩的好媽媽。此外，夏樂莉對史太太也變得比較有回應，史太太對此感到欣慰。

在我們的治療期間，夏樂莉已經從一位非常僵化、警覺、身體上受侷限且甚少動作的小女孩，改變成行為舉止接近正常五歲孩子的模樣。她變得更有好奇心、更外向，同時她的字彙增加了（也更願意說話）。

　　箱子的遊戲持續到創傷後遊戲的最後階段，那時創傷後遊戲變得比較不持續、較無順序性，也變得更加具有流動性。有時候她完全沒有建造任何東西，而且在安排之前的順序之前會要求玩娃娃屋、繪畫或做其他事情。有時候她在用箱子建造出構造後，她會將所有必需品都帶進去裡面，於是裡面就放滿了水、點心，以及一隻小熊絨毛娃娃，那隻熊經常在她身邊，也是每次單元必定從家裡帶來的娃娃。她稱呼這隻熊叫「莫妮克」，也告訴我許多有關她的故事。其中有一則故事非常有趣，於是在單元結束之後我將它逐字寫在我的筆記上面：

　　莫妮克喜歡到公園玩，但有一天一位壞人牽著她的手進到地下室。她跌下樓梯，腳上流著血，小狗舔了血就長出翅膀飛走了。接下來蜘蛛跑到她耳朵裡面，還叫蚊子叮她的耳朵。莫妮克很害怕，她想爬出去，但是房間沒有窗戶，非常暗。莫妮克在腦中唱歌，後來聽到小鳥也在唱歌。她在地板上寫了字母「o」和數字「3」，有時候壞人會發現，便打了她。莫妮克的小狗經常舔她。莫妮克的媽媽告訴她「噓，要安靜」。莫妮克的媽媽沒有幫她也不將她帶出去。我的媽媽會帶我出去公園，幫我盪鞦韆，也會帶點心給我吃。莫妮克很餓，我們幫她準備點東西吃。

　　在創傷後遊戲的最後這個階段中，夏樂莉開始出現更多的象徵性遊戲，而莫妮克很明顯是在詳述夏樂莉的創傷經驗，夏樂莉則是成為受驚嚇、受傷小熊的（假扮）照顧者。這個遊戲相當重要，因為她在提供莫妮克良好照顧的同時，她也是在照顧自己，而這是療癒很重要的一部分。我也很清楚夏樂莉已經將史太太當成自己有力的後盾，也曾對我說她有了一位「永遠的媽媽」。史太太邀請我參加她的「收養聽證會和宴會」，我很

開心的參加了。夏樂莉喜不自勝，高興得跳上跳下，手臂在空中飛舞（不同於在我治療室裡的跳動）。

　　儘管如此，我覺得在收養之前，史太太最好能夠對夏樂莉的創傷後遊戲行使「無條件見證」的功能。我詢問夏樂莉是否可以在她坐在她的小空間時邀請史太太前來分享一些飲料和點心，她一邊大叫「好啊，好啊！」一邊要衝去等候室叫她媽媽進來。我告訴夏樂莉要等到下一次單元，她似乎有點兒失望。

　　我只是要史太太跟隨夏樂莉的主導，我並不確定會發生什麼狀況，但我希望夏樂莉安排步調並主導過程。我準備了一瓶水和三個杯子，還有一些餅乾，也事先將厚紙板箱拿出來。夏樂莉開始工作，做出框框然後組裝起來。她讓箱子的前面開口，然後要她媽媽坐在一邊而我坐在另一邊。她把腳放到箱外，將身體前傾，好讓手可以握到腳趾，然後要她媽媽把她拎起來。她這樣做了大約六次，然後邀請她媽媽進到小屋裡跟她一起吃點心。我並未被邀請，只能充當服務生，負責拿食物和點心給她們。為了讓媽媽可以擠進到構造裡，她們把牆壁攤開來，於是它感覺不再像是一個小容器，但仍保有類似的物理界限。媽媽和女兒一起快樂的享用點心。接下來夏樂莉要求要重新恢復小的形狀，然後將腳放到外面並問媽媽：「妳看得見我嗎？」史太太說：「有，我看得見妳！」「那好，那就把我帶離這裡！」於是史太太很快起身並用手握住夏樂莉。夏樂莉要媽媽帶她到車上，媽媽同意。

　　很特別的是，當我拿到這個孩子的書面文件時，我發現警方提到夏樂莉有時會被父母放到一個櫃子裡好幾天，有一次甚至沒有給她水和食物。當她在櫃子裡被發現的時候，警方提到她沒有哭泣或感到痛苦，只是張大眼睛四處張望，態度合作又敏感。這樣的描述讓我們知道，她已經學會要保持安靜，因為一旦有人進來發現她在櫃子裡，就免不了一場身體虐待。

● 結語

　　夏樂莉在學步期就經驗過殘忍且不尋常的虐待。她無法用口語說出鮮明留在腦海中的事件，但卻很能夠利用創傷後遊戲來重新創造她獨特受虐形式的那個環境：被放在櫃子裡好幾天。我在治療結束之際才知道她受虐的具體細節；這些細節讓她創傷後遊戲的脈絡變得更加鮮明和值得注意。夏樂莉發現一種方法來與我和收養媽媽發展信任關係，以便獲得滋養及安全感。她的創傷後遊戲提供一種有力量的逐漸暴露，而且由她自己啟動，不須催促。我認為不提出特定主題，但卻容許孩子一些時間逐步前進的溫和治療環境，創造出有助於創傷後遊戲出現的環境，這些遊戲包括了戲劇和象徵遊戲。在此過程當中，她與我這個治療師以及她最終的收養媽媽有很足夠的依戀機會。

　　每當史太太和夏樂莉要求協助，在孩子整個發展過程中我們都會對這個家庭提供其他的治療服務。在後續幾年當中，我們處理的議題包括：社交技巧、衝動性、失落、對性的焦慮，以及對新情境的一般焦慮。在夏樂莉進入青春期後，她非常渴望能夠找到她的生父母，這也讓史太太感到挫折。在夏樂莉十八歲的時候，她真的獲得她生父母有關的訊息，但她選擇放棄與他們接觸。

Chapter 14

聯合敘事分享

愛莉森和她母親史蒂芬妮都是中美洲後裔。史蒂芬妮和她的父母在將近十年前，也就是她十六歲時，來到美國。接著史蒂芬妮的母親回到母國去照顧外婆，於是史蒂芬妮便成為照顧四個弟妹的主要照顧者。她的父親卡羅斯，是一個好男人和非常勤勞的工人。他有三份工作，所以幾乎沒有多少時間在家。史蒂芬妮成長得很快，而且她很渴望離家，自己過獨立的生活。當她的母親回來時，母親已沒辦法說服史蒂芬妮留在家裡。史蒂芬妮搬出去時二十一歲，她利用父親的一些關係得到一份建築工人的工作。她的父親以前偶爾會帶著所有的孩子去工作，所以她從父親那裡學會了關於石膏板的一些基本技巧。她找到了第一份工作，並從那時起開始自己獨立生活。不久之後，她交了一個男朋友，在交往半年之後，她就懷上了愛莉森。她的男朋友不想有孩子，就跑到鄰近的州去找了份工作。史蒂芬妮自此之後就再也沒有見到他。

史蒂芬妮非常重視女兒的教育，希望女兒能比自己有更好的未來。她把愛莉森送到一家幼兒園，而愛莉森也在這有愛心的環境裡快樂成長，很快就完全擁有雙語的能力。她的老師們對於愛莉森能快樂成長和接受新環境的行為都非常肯定，而且認為史蒂芬妮是一位「很棒的年輕家長」。當其中一位老師打電話給我要為愛莉森進行轉介時，她的擔心非常明顯，她

註：本章改編自 Gil（2015b），此改編已獲得授權。Copyright © 2015 The Guilford Press.

指出愛莉森在許多方面都發生了改變。愛莉森不快樂，而且變得退縮、焦慮，一整天都在哭。這種新出現的行為，以及愛莉森沒有辦法說出任何造成她顯出這種使人擔心行為的明確事件，是這位老師前來尋求協助的原因。

初次晤談

從與史蒂芬妮的電話談話中我就能夠感覺到，最近一定發生了一些使她難以應付的事。她說話時聲音發抖，而且在講電話中就哭了出來。她能表達的只是低聲說，發生了一些「可怕、難以想像」的事，而且她要替她「可憐的小女兒」尋求協助。當然，剛開始我以為愛莉森身上發生了一些事才造成她有行為上的問題，但結果卻發現，遭受創傷經驗的其實是史蒂芬妮這位母親。她被強暴了，而且孩子目睹了這個事件，成為次級受害者（secondary victim）。

史蒂芬妮既悲傷又煩亂，所以我要求她單獨來到初次單元，好讓我們能沒有阻礙的進行談話。她說，她會找她表姊照顧女兒，但最後卻帶著愛莉森來，並說她的表姊取消了答應她的事。史蒂芬妮說這正好，因為女兒目前無法離開她，不管時間多久。

我安排史蒂芬妮在她能夠不受阻礙談話時再回來。於是在這個初次單元裡，我只好帶著愛莉森參觀遊戲治療室，告訴她下次她來的時候，她可以有更多時間到處看看並決定她要玩什麼。愛莉森很活潑，帶著微笑張大眼睛看著治療室裡的一切。她的遊戲很快就發展成創傷後遊戲，在遊戲中，她將重壓在心裡的事件外化，這使得她能釋放出一些被壓抑的情緒。這遊戲過程在另一處有按時間順序記錄（Gil, 2015b）。以下的描述顯示，與母親和孩子進行平行治療的過程以及讓她們同時參與親子單元是多麼重要。

與母親進行個別治療

　　情況很快就顯示出，史蒂芬妮陷於嚴重的悲傷中。她幾乎無法控制自己的情緒，在起初的幾次會談裡，她從頭到尾都在啜泣。從一開始就很明顯，她需要緊急的介入和治療，而且還必須將她認為是自己的支持系統裡的成員包含進來。不幸的是，我很快就發現她的家人都不知道她被強暴這件事，所以他們無法提供她立即的幫助。她已經和一位受害者辯護律師建立了良好的關係，這位律師在整個醫療檢查過程、警方調查過程，以及法院審判過程中一直幫助她。史蒂芬妮願意向警方坦白陳述以及她決定出庭作證使得警方能迅速的進行全面調查，並成功對罪犯進行起訴。

　　史蒂芬妮慢慢回去工作了，但只有她母親能幫她照顧女兒時，她才能去工作。史蒂芬妮似乎信任她的母親，但在談到母親時，她的聲音裡又彷彿有些疏離感。她坦白告訴我，對於母親讓她自己一個人照顧幼小的弟妹這件事，她心裡還對母親有所怨懟。談到父親時，她卻非常親切。但一開始的時候，她堅持不要讓父母知道她被強暴的事。當我問她為什麼時，她回答說，他們會責怪她並以異樣的眼光看她。我到後面的治療階段才挑戰她這份恐懼。但現在，在剛開始的階段，我只是告訴她，我完全能理解她不想讓父母知道這件事的做法。

　　我告訴史蒂芬妮，關於被強暴一事，她可以說出任何她覺得願意說的事。我知道她已經向警方詳細描述過，所以我讓她選擇說出她認為我應該知道的重要的事。她描述了一個殘暴的場景，讓我邊流淚邊感到憤怒。當她說出自己讓一個男人在晚上進到自己的公寓時，她的內心似乎陷入了衝突。「我不知道自己當時在想什麼，」她說：「我不知道自己當時為什麼會那麼蠢。」當我說她對自己太嚴格時，她卻極力強調，以這種方式讓自己的孩子陷入危機當中明明是不對的。強暴她的男人對她既粗暴又殘忍，整個強暴過程持續大約三個小時，中間暫停的時候，他毆打她的腹部，踢她

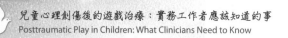

的腿和骨盆部位。

在第一次揭露這件事的整個過程中，史蒂芬妮都沒有提到愛莉森。然而，在後續的幾個單元裡，我逐漸了解到愛莉森目睹了母親被強暴和毆打的過程，雖然史蒂芬妮無法明確說出女兒目睹到多少，因為她當中有些時候失去了意識。她受的傷包括頭顱骨裂、腦震盪、幾根肋骨斷掉、骨盆骨裂，以及背部多處受傷。當她描述自己受傷的程度時，清楚呈現出這個痛苦的事實：她受到一個病態男人的暴力攻擊卻存活下來。她指認他並使他坐牢的決心反映出史蒂芬妮有快速恢復的能力以及堅強的本質。

從這時候起，我選擇分別與史蒂芬妮和愛莉森進行個別治療。她們兩人都說兩種語言，因此需要一位雙語的治療師以便她們能很容易的在西班牙語和英語之間轉換。史蒂芬妮敘述，她曾經有過幾個治療單元是在口譯員的協助下進行，而這對她而言壓力很大。她指出（這也是我個人的經驗），當她處於極大的壓力之下時，用母語表達對她而言是最容易的，而且覺得面對翻譯是件既困難又很累的事。我之所以決定直接對她進行治療是基於以下兩個因素：(1)對於使用口譯員的困難，我能理解且同理；(2)從一開始她就能很自在地與我交談。我不希望她與另一位專業人士談，更不希望她跟一位不會說她的母語的人談。

我們一星期會面兩次，都在中午，我也與愛莉森一星期會面兩次，即在史蒂芬妮來與我會面的日子且在愛莉森從幼兒園下課後。

史蒂芬妮是一位傑出的年輕女性。從很小的時候，她就夢想著來美國受教育。她受到一位姨媽的影響，這位姨媽很年輕時就來到紐約，並成為電腦界裡一位成功的商業人士。她很欽佩姨媽成了美國公民並在人生中有所成就。她還補充說，這位姨媽和她自己的媽媽非常不一樣，她媽媽沒受過什麼教育，不能閱讀，不會開車，而且很滿足於當五個孩子的母親。「我媽媽本身就是一個傷心的故事，」她說：「總是做犧牲者，總是為別

人放棄自己的生活。」史蒂芬妮堅持不要步上母親的後塵，而要學一技之長以便能在經濟方面享有自由。史蒂芬妮說，她將來要去社區大學念護理——她表示，那位監督她進行被強暴檢查的護理師非常棒。

在提到她的男朋友迪亞哥，即愛莉森的父親時，史蒂芬妮流了很多眼淚。她描述了他們的交往過程，說他是她的第一次（也是最後一次）性經驗的對象，而他離開她時，她覺得自己被背叛得很慘。她哀嘆自己「給出了自己的童貞」，而且希望女兒將來結婚後才有性經驗。她亦後悔自己居然這麼信任他，在交往的那一年還讓他跟自己住在一起。她指出，自己完全被他欺騙了，而且以後不會再讓任何人騙她。我第一次看到她微笑是她邊指著自己的左手，邊說這句話的時候：下一個要她的男人必須「在這上面戴戒指」！

我們謹慎地談到強暴這個話題，首先建立基礎的治療關係。史蒂芬妮說，她知道自己遲早要談到這件事，好讓它不要一直盤踞在自己的腦海裡。她抱怨這件事「占據」她的生活太多了：她腦海裡一直閃現出當時的畫面，她會毫無緣由就哭了起來，在靠近某些人時她會變得僵硬，她也變得易怒和憤怒，大部分的對象是她的父母，但有時候也對愛莉森發出這些情緒。史蒂芬妮覺得自己做什麼事都提不起勁，也許有憂鬱症，這是她最討厭的事，她希望自己有動機去對自己的生活做一些有建設性的事，就像她過去所做的一樣。她還特別問到，要付出什麼代價才可以讓她完全忘掉這些醜陋的記憶。我描述了一種她可以將自己的想法和感覺外化的治療過程，好讓她能夠處理這創傷帶來的影響，並減輕這創傷事件對她的生活造成的影響。接著我談到什麼是「創傷處理」，並告訴她這可能不會有立即的效果，但長時間下來，可以幫助她感到自己有更多的掌控力。我告訴她，我們的目標是她將來談到發生過的事時不會覺得自己被情緒淹沒，並排除掉大部分受害者會有的罪惡感和羞恥感。她說她已經準備好要開始

了，而且無論代價是什麼，她都要達到這個目標。當然，她的決心多次受
到考驗；有時候，她覺得為了描述給我聽而要想起那些細節來實在是太痛
苦了。於是，我讓她選擇用不同的方式：用畫的、使用小物件、做沙圖，
和寫日記。她寫的詩非常棒。經過她的允許，我翻譯了她最強有力作品的
其中一首：

> 只要有需要，我會一直對抗你
>
> 我不會轉頭不看
>
> 我不會低頭屈服
>
> 我會站著說話，指出你的醜陋
>
> 我會想著你在坐牢
>
> 並且知道我已反擊
>
> 保護別人不受你的傷害
>
> 現在以及永遠
>
> 我有耐心，有膽量，而且我昂首挺立

我們進行了 Foa 和同事們所描述的創傷治療（Foa & Rothbaum
1998），她能夠即時捕捉到那些事件，釋放出自己的痛苦，表達自己的憤
怒，並管理自己的痛苦記憶。在我們進行這些治療時，她的症狀逐漸消失
而且動機也恢復。她的注意力又回到女兒的身上。隨著她們恢復熟悉的活
動，分享溫暖和愛，並重新獲得安全感時，愛莉森的症狀亦跟著減少，這
使得她的老師和其他親人都為她們高興。

愛莉森在治療中進步得很好。最後一步是讓史蒂芬妮和愛莉森一起來
治療，在她們從個別治療得到強化之後，讓她們一起來分享各自所達到的
成果。

母親與女兒進行以創傷為焦點的平行治療

我告訴愛莉森和史蒂芬妮，我們會在同一個時間、同一個房間會面，好讓她們能看一看這個她們共同經歷過、對她們而言非常困難的事件。我的希望是，藉著一起檢視所發生的事，她們會感到更堅強（而且可能更親密）。在這個階段，我的目標是幫助母親和女兒共同創作並彼此分享她們的敘事，而且是以對愛莉森而言適齡的方式進行，以及對她們兩人而言都強調掌控感和生存能力的方式進行。我之前已指導史蒂芬妮如何去創造一個安全和支持的環境給愛莉森，無條件接受愛莉森的遊戲和行為。接著我鼓勵她一再去尋找一些與愛莉森掌控自己的創傷經驗一致的想法、感覺或行為。在進行這些聯合敘事單元時，我有兩個特定的目標：(1)給予史蒂芬妮和愛莉森一個機會去彼此展示並分享她們各別創作的敘事，好讓這個創傷的攻擊事件失去它的強度，而且兩人都能承認它；(2)改變愛莉森對史蒂芬妮的認知，讓她將來不要再認為史蒂芬妮沒有能力保護她自己和愛莉森。治療目睹家暴的兒童欲達到的一個結果是，將家長恢復到一位有能力和滋養的保護者這個地位（Lieberman & van Horn, 2004b）。藉著幫助兒童重新建立他們對父母的認知，即父母是強大且有能力的，兒童能夠開始建立自己的安全感。

聯合單元

聯合單元在我開始與這位母親和孩子進行個別治療的大約六個月之後進行。史蒂芬妮這時已感到好多了，在創傷處理這方面做了很嚴格的功課，而且也盡力去創作一個一致性的敘事，除了她因為解離以及失去意識那些時刻而幸好不必經歷的細節之外，她能夠回想起這個創傷事件的大部分。她也打算告訴自己的父母這件事。她甚至準備好要面對他們的批評和拒絕，可是史蒂芬妮的母親偷偷告訴她，她自己在少女時也曾經遭受強

暴，但從來沒有跟任何人說過這件事。分享這種私密的訊息給予史蒂芬妮和她母親一個更加親近和互相同理的機會，儘管這只維持了很短暫的時間。由於所有三位女性都經驗過這類創傷事件，我覺得如果史蒂芬妮的母親願意的話，讓三位女性一起進行幾個單元會很有幫助。史蒂芬妮的母親不願意來接受治療，但她同意會和自己的女兒在家裡談。

在主動與朋友聯絡和回到教會活動方面，史蒂芬妮有很大的進步。她打破了自己的孤立感和汙名感，最後還說，她開始覺得自己又是「原本的自己」了。就在她已經強化了自己的自我形象並開始覺得越來越有能力時，我邀請她參與這個聯合敘事單元。

愛莉森亦在個別治療時處理她所目睹的強暴事件，透過創傷後遊戲她成功地重新創作了她所記得的事。當我告訴她我們要與她媽媽一起見面時，對於能夠和媽媽一起來並讓媽媽看到她在遊戲治療室所玩的一切，她感到很興奮。愛莉森和史蒂芬妮在一起的第一個單元是完全非指導式，愛莉森帶她媽媽看房間裡的一切，甚至帶她媽媽看一些她從來沒有玩過的東西。

在第二個單元裡，我告訴愛莉森，她可以有一些時間跟媽媽做「任何她想做的事」，但在那之前，她的媽媽有一些事想跟她說。史蒂芬妮有一點緊張，但已經準備好要跟女兒進行對話。她以下面這句話來開始這場對話：「我知道妳還記得那個男人進到我們的房子裡並傷害我這件事。」愛莉森看著她媽媽，安靜下來。「我們從來沒有談過這件事，因為我希望我們兩個人都能忘記這件事。但現在，我知道要忘記它實在很難，因為它太可怕了，而且我那時候被傷得很重，沒辦法幫助妳或抱妳。」

愛莉森跑到沙盤小物件那裡，抓起那個「壞人」，拿給她媽媽：「媽咪，這就是那個壞人。就是他傷害了妳。他很壞。」她媽媽說：「沒錯。他很壞，而且他把我傷得很嚴重，但現在他被關到牢裡，被懲罰了。」愛

莉森問：「媽咪，他為什麼要傷害妳？」史蒂芬妮輕聲地回答：「女兒，我不知道。有些人心中沒有上帝，所以他們很壞。」愛莉森一直說話，好像想把她想說的一切都掏出來。「媽咪，我一直到妳房間裡來，可是我好害怕，又跑掉了。」史蒂芬妮說：「妳是個小女孩，不是大人，妳沒辦法做任何事。妳是一個勇敢又可愛的小女孩，妳沒辦法做任何事來幫助我，因為那個男人很強壯，他比我們都高大。」愛莉森說：「我討厭他。」並把壞男人這個小物件摔到地上。

這場對話建立了接下來五個單元的基礎，在這五個單元裡，史蒂芬妮和愛莉森彼此告訴對方她們所記得的故事。以下是這段時間內所發生的事的重點摘要。

第二單元

在這個單元的大部分時間裡，愛莉森假裝生病，要求媽媽抱她。我鼓勵史蒂芬妮就這麼抱著女兒，搖她，而史蒂芬妮卻自發地唱起一首搖籃曲。當她這麼做的時候，愛莉森用手指捲媽媽的頭髮來玩，而史蒂芬妮也允許她這麼做。我播放著輕柔的背景音樂，媽媽在孩子的耳邊輕聲唱著歌，其中的副歌是「啊～啊～啊……啊～啊～啊……」。愛莉森的臉部顯出放鬆和滿足的表情，在單元快結束時，她從洋娃娃的搖籃裡把洋娃娃抱起來，帶到她媽媽身邊。她說：「這是**我的**寶貝。」她邊搖著娃娃邊唱著剛從媽媽那裡學來的搖籃曲。她們坐在一起，各自搖著手中的寶貝，輕輕哼著搖籃曲，一直到單元結束為止。在我看來，這可能是愛莉森讓自己的需求從母親那裡得到滿足的方式，並且確保她的媽媽在遊戲治療單元中會扮演滋養的角色。

第三單元

　　這次單元相當不一樣：愛莉森推開門進到遊戲治療室，她媽媽和我跟在後面。我立刻發現愛莉森已經將她熟悉的物件放到沙盤裡。這些物件顯示她願意「給她媽媽看」這個強暴事件以及她是如何經驗這個事件的。愛莉森之前用這些物件做過一些不容易的事。她將強暴事件外化，並展示出在她媽媽無法移動時她所做出的行為。這其中包括一個似乎對愛莉森而言有強迫性和強大的行為：進出她媽媽的房間去看看媽媽的情況。愛莉森將一個嬰兒放到沙盤裡，接著放一個小籬笆圍著嬰兒，說這是「娃娃的房間」。接著她打開一片籬笆又關上它，以表示孩子可以自由進出。「娃娃要去哪裡？」我問愛莉森。她回答：「妳知道的。」我尊重她在遊戲中將媽媽在房間裡這個困難的場景以模糊不清的方式表達，而且她也沒有給予進一步的回應。接著她抬起頭來，要求她媽媽坐到隔壁的房間去。史蒂芬妮就按照她的話做了，接著愛莉森一再進進出出這個房間，跟她媽媽說「嗨」，坐在媽媽的大腿上，要求媽媽矇住眼睛猜猜看她站在房間的哪個位置，又將一個小枕頭在兩個房間之間拋來拋去。史蒂芬妮去找到小枕頭，撿起來，拋回到愛莉森所在的房間。這看起來是一種有目的的遊戲，並為接下來這個單元的敘事鋪路。

第四單元

　　愛莉森將她媽媽帶到遊戲治療室裡，要求她坐到沙盤的旁邊。「我要讓妳看我的故事。」她說。史蒂芬妮坐在一旁，專注的聆聽。「這個故事是關於那個壞人傷害妳的那一天。」接著，她拿起在個別治療單元裡她用過的嬰兒、母親，以及她稱之為「壞人」的小物件。她說：「媽咪，我記得妳在哭叫，我聽到妳的聲音，然後來看妳。妳記得嗎？」史蒂芬妮說：「記得。那時候很可怕，但我記得我有看到妳。」「妳叫我走開。」史蒂

芬妮說：「沒錯。我要確定妳是安全的。」同時用手環繞著女兒的腰。「媽咪，我那時候好害怕。」愛莉森說，並躲到媽媽的懷裡。「我知道妳很害怕，我的寶貝，我當時也很害怕。」這時候，她們用西班牙語交談。愛莉森告訴媽媽她看到的事，說她有多麼害怕，而且不知道該做什麼。她「最害怕」的時候是她媽媽看起來已經睡著了，看不到她的時候，以及她看到血從媽媽的頭部下面流出來的時候。然後她告訴她媽媽，儘管她「非常、非常害怕去求助」，她還是到隔壁去請鄰居幫助她媽媽。史蒂芬妮告訴愛莉森，自己為她感到很驕傲，而且她實在非常勇敢；史蒂芬妮還告訴她，如果沒有她，自己不會得到所需要的幫助。當愛莉森問出：「妳不會生我的氣吧？」這句話時，她眼睛帶著淚水。史蒂芬妮似乎被這種想法嚇到了，並告訴女兒，她生那個傷害她的壞人的氣，但不會生愛莉森的氣。之後她們互相擁抱了很長的一段時間。

第五單元

　　這次單元為這個階段的治療做一個總結，並包含史蒂芬妮告訴愛莉森她的故事版本以及所發生的事。史蒂芬妮做得很棒，她談到這個可怕的事件當中以及事後的感覺，也談到她在那之後所做的事，以確保那個壞人不能再傷害其他人。愛莉森告訴她媽媽，媽媽也好勇敢，就像她一樣。她們能夠向彼此問一些問題，並分享在事件當中和事件之後一些相似的感覺。這次共同創作出一個更豐富的聯合敘事似乎鞏固了她們之間的關係，創造了澄清的機會，並提供一個方式讓愛莉森認為她媽媽是一個勇敢、有能力，而且以後會保護她安全的人。

　　史蒂芬妮告訴我，這些單元結束後她們之間有一些小小的對話，而且愛莉森似乎比之前更需要和想要身體方面的安慰。史蒂芬妮說，她也發現自己在孩子擁抱中得到安慰，這讓她理解到，她必須主動與自己的母親接

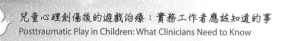

觸。大約兩個月後，我們又再次見面，並討論愛莉森和史蒂芬妮可以用什麼樣的方去給她們的母親／外婆看到她們所承受過的一切。在與她媽媽談過之後，史蒂芬妮打電話告訴我說一切進行得很順利。

史蒂芬妮一再向我表達她的謝意。她感謝我給予她指導以及提供一些幫助她的孩子的話語。我也向她本人以及因為她想成為一位更好的家長的動機而願意做這些痛苦的功課表示讚賞。我還特別指出她願意面對並處理自己的恐懼的勇氣。大部分時候，史蒂芬妮覺得自己已經很充分處理自己所承受的創傷，但偶爾一些外來的事件會觸發那個創傷事件並中斷她的正常功能。愛莉森對治療有正面的回應，而且她在治療單元之外的行為也開始改善並回復到強暴事件之前的功能。她的老師注意到她有行為上的改善並且回到之前正向積極的樣子。

結語

目睹自己所愛的人經歷創傷事件會使兒童本身遭受心理創傷。愛莉森目睹了自己的母親被一位陌生人強暴好幾個小時之久。因此，這個孩子覺得很無助，並且受到極度驚嚇。在這種受到驚嚇的狀態下，愛莉森能應付生活，但她的行為卻失調了。愛莉森的行為問題顯示出她的悲傷，因此需要接受治療以幫助她處理所經驗的創傷帶來的影響。在個別治療裡，愛莉森能辨認並使用使她能外化自己的憂慮和擔心的創傷後遊戲。在聯合敘事單元中，讓母親看到她的遊戲進一步賦權給愛莉森，並使這一對母女一起面對這個創傷，藉由再次創作這個創傷事件並說出她們的恐懼和痛苦，而重新獲得力量感和掌控感。對於增強愛莉森和她母親之間的情感而言，這次的聯合敘事治療也扮演重要角色，因為這份情感已因為性侵事件而減弱，使得媽媽在女兒的眼中是一位無助的人。史蒂芬妮扮演女兒安全保護者的角色已大大受損。為了能往前邁進，愛莉森的感覺和需求必須是最重

要的考量，而在史蒂芬妮受性侵者攻擊和變弱時，愛莉森的感覺和需求都沒有得到關注。在這些聯合敘事單元裡，每一個單元的最後十五分鐘都是母親抱著女兒，搖她，唱歌給她聽，安慰她，並告訴她，這種事以後不會再發生。

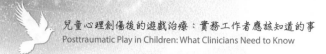

附錄　創傷後遊戲檢核表

兒童姓名：＿＿＿＿＿＿　單元日期：＿＿＿＿＿＿　單元次數：＿＿＿

動態性創傷後遊戲	毒性創傷後遊戲
☐情感有變化	☐情感侷限／平板
☐會尋求與臨床工作者互動	☐遊戲顯得太過聚焦及隔離
☐有情緒連結	☐無情緒連結
☐呼吸順暢	☐呼吸淺／屏住呼吸
☐身體活動順暢	☐身體緊張
☐有釋放感	☐無釋放感
☐在遊戲中有焦點的投入	☐在遊戲中互動僵化
☐故事的起始／結束有所差異	☐故事的起始／結束不變
☐故事有新訊息／角色	☐故事顯得重複，缺少變化
☐有新主題	☐主題素材很固定
☐遊戲發生在房間的不同地方	☐遊戲必須發生在相同的地方
☐有出現適應性的結果	☐沒出現新的結果
☐僵化隨著時間經過而逐漸鬆開	☐遊戲一直很僵化
☐有添增／刪除新的角色	☐沒有引入新的角色
☐出現角色扮演	☐遊戲停滯：沒有角色扮演
☐兒童為故事中的角色發聲	☐兒童的聲音不存在
☐症狀短暫性的增加	☐症狀增加且穩定存在
☐在家行為改善	☐在家行為惡化

參考文獻

Badenoch, B. (2008). *Being a brain-wise therapist: A practical guide to interpersonal neurobiology*. New York: Norton.

Blaustein, M. E., & Kinniburgh, K. M. (2010). *Treating traumatic stress in children and adolescents: How to foster resilience through attachment, self-regulation, and competency*. New York: Guilford Press.

Booth, P. B., & Jernberg, A. M. (2009). *Theraplay: Helping parents and children build better relationships through attachment-based play*. New York: Wiley.

Bratton, S., Landreth, G. L., Kellam, T., & Blackard, S. R. (2006). *Child–parent relationship therapy (CPRT) treatment manual: A 10-session filial therapy model for training parents*. New York: Routledge.

Bratton, S. C., Ray, D., Rhine, T., & Jones, L. (2005). The efficacy of play therapy with children: A meta-analytic review of treatment outcomes. *Professional Psychology: Research and Practice, 36*(4), 376–390.

Briere, J., & Scott, C. (2006). *Principles of trauma therapy: A guide to symptoms, evaluation, and treatment*. Thousand Oaks, CA: Sage.

Chapman, L. (2014a). *Neurobiologically informed trauma therapy with children and adolescents: Understanding mechanisms of change*. New York: Norton.

Chapman, L. (2014b). Treating acute traumatic episodes: A brief intervention for integration. In *Neurobiologically informed trauma therapy with children and adolescents: Understanding mechanisms of change* (pp. 19–49). New York: Norton.

Cohen, E. (2009). Parenting in the throes of traumatic events: Risks and protection. In D. Brown, R. Pat-Horenczyk, & J. D. Ford (Eds.), *Treating traumatized children: Risk, resilience and recovery* (pp. 72–84). New York: Routledge.

Cohen, E., Chazan, S., Lerner, M., & Maimon, E. (2010). Posttraumatic play in young children exposed to terrorism: An empirical study. *Infant Mental Health Journal, 31*(2), 159–181.

Cohen, J. A., & Mannarino, A. P. (1998). Interventions for sexually abused children: Initial treatment outcome findings. *Child Maltreatment, 3*, 17–26.

Cohen, J. A., & Mannarino, A. P. (2008). Trauma-focused cognitive behavioral therapy for children and parents. *Child and Adolescent Mental Health, 13*(4), 158–162.

Cohen, J. A., Mannarino, A. P., & Deblinger, E. (2006). *Treating trauma and traumatic grief in children and adolescents*. New York: Guilford Press.

Dripchak, V. L. (2007). Posttraumatic play: Towards acceptance and resolution. *Journal of Clinical Social Work, 35*, 125–134.

Erikson, E. H. (1950). *Childhood and society*. New York: Norton.

Eth, S., & Pynoos, R. S. (1984). Developmental perspectives on psychic trauma in children. In C. E. Figley (Ed.), *Trauma and its wake* (pp. 36–52). New York: Brunner/Mazel.

Eth, S., & Pynoos, R. S. (1985). Interaction of trauma and grief in childhood. In S. Eth & R. S. Pynoos (Eds.), *Post-traumatic stress disorder in children* (pp. 169–186). Washington, DC: American Psychiatric Press.

Eyberg, S. M. (1988). Parent–child interaction therapy: Integration of traditional and behavioral concerns. *Child and Family Behavior Therapy, 10*(1), 33–46.

Fenichel, E. (Ed.). (1994). Collected works. *Zero to Three/National Center for Clinical Infant Programs, 14*(6), 1–50.

Findling, J. H., Bratton, S. C., & Henson, R. K. (2006). Development of the Trauma Play Scale: An observation-based assessment of the impact of trauma on the play therapy behaviors of young children. *International Journal of Play Therapy, 15*(1), 7–36.

Foa, E. B., & Rothbaum, B. O. (1998). *Treating the trauma of rape: Cognitive-behavioral therapy for PTSD*. New York: Guilford Press

Ford, J. D., & Courtois, C. A. (Eds.). (2013). *Treating complex stress disorders in children and adolescents: Scientific foundations and therapeutic models*. New York: Guilford Press.

Freud, S. (1958). Remembering, repeating, and working through. In J. Strachey (Ed. and Trans.), *The standard edition of the complete psychological work of Sigmund Freud* (Vol. 12, pp. 147–156). London: Hogarth Press. (Original work published 1914)

Gibbs, M. S. (1989). Factors in the victim that mediate between disaster and psychopathology: A review. *Journal of Traumatic Stress, 2*, 489–514.

Gil, E. (1998). Understanding and responding to post-trauma play. *Play Therapy Association Newsletter, 17*(1), 7–10.

Gil, E. (2006a). Scotty, the castle, and the princess guard. In *Helping abused and traumatized children: Integrating directive and nondirective approaches* (pp. 175–191). New York: Guilford Press.

Gil, E. (2006b). *Helping abused and traumatized children: Integrating directive and nondirective approaches.* New York: Guilford Press.

Gil, E. (2006c). *Play therapy for severe psychological trauma* [DVD]. New York: Guilford Press.

Gil, E. (2012). Trauma-focused integrated play therapy. In P. Goodyear-Brown (Ed.), *Handbook of child sexual abuse: Identification, assessment, and treatment* (pp. 251–278). New York: Wiley.

Gil, E. (Ed.). (2013). *Working with children to heal interpersonal trauma: The power of play.* New York: Guilford Press.

Gil, E. (2015a). Reunifying families after critical separations: An integrative play therapy approach to building and strengthening family ties. In D. A. Crenshaw & A. L. Stewart (Eds.), *Play therapy: A comprehensive guide to theory and practice* (pp. 353–369). New York: Guilford Press.

Gil, E. (2015b). Posttraumatic play: A robust path to resilience. In D. A. Crenshaw, R. Brooks, & S. Goldstein (Eds.), *Play therapy interventions to enhance resilience* (pp. 107–125). New York: Guilford Press.

Gil, E. (2015c). *Play in family therapy* (2nd ed.). New York: Guilford Press.

Gil, E., & Pfeifer, L. (2016). Issues of culture and diversity in play therapy. In K. J. O'Connor, C. E. Schaefer, & L. D. Braverman (Eds.), *Handbook of play therapy* (2nd ed., pp. 599–612). New York: Wiley.

Goodman, R. F., & Fahnestock, A. H. (2002). *The day our world changed: Children's art of 9/11.* New York: Harry N. Abrams.

Guerney, L. (2000). Filial therapy into the 21st century. *International Journal of Play Therapy, 9*(2), 1–17.

Hall, T. M., Kaduson, H. G., & Schaefer, C. E. (2002). Fifteen effective play therapy techniques. *Professional Psychology: Research and Practice, 33*(6), 515–522.

Hopkins, S., Huici, V., & Bermudez, D. (2005). Therapeutic play with Hispanic clients. In E. Gil & A. A. Drewes (Eds.), *Cultural issues in play therapy* (pp. 148–167). New York: Guilford Press.

Jung, C. G. (1928). *Contributions to analytical psychology.* New York: Harcourt, Brace.

Kilpatrick, K. L., & Williams, L. M. (1998). Potential mediators of post-traumatic stress disorder in child witnesses to domestic violence. *Child Abuse and Neglect, 22*(4), 319–330.

Lanktree, C. B., & Briere, J. N. (2017). *Treating complex trauma in children and their families: An integrative approach.* Thousand Oaks, CA: Sage.

Levine, P., & van der Kolk, B. (2015). *Trauma and memory: Brain and body in a search for the living past: A practical guide for understanding and working with traumatic memory.* Berkeley, CA: North Atlantic Press.

Levy, D. (1938). Release therapy in young children. *Psychiatry, 1,* 387–390.

Lieberman, A. F., & van Horn, P. (2004a). Assessment and treatment of young children exposed to traumatic events. In J. D. Osofsky (Ed.), *Young children and trauma* (pp. 111–138). New York: Guilford Press.

Lieberman, A. F., & van Horn, P. (2004b). *Don't hit my mommy!: A manual for child–parent psychotherapy with young witnesses of family violence.* Washington, DC: Zero to Three.

Malchiodi, C. A. (Ed.). (2003). *Handbook of art therapy.* New York: Guilford Press.

Malchiodi, C. A. (2012, March 6). Trauma-informed expressive art therapy. *Psychology Today* blog.

Marans, S., Mayes, L. C., & Colonna, A. B. (1993). Psychoanalytic views of children's play. In A. J. Solnit, D. J. Cohen, & P. B. Neubauer (Eds.), *The many meanings of play: A psychoanalytic perspective* (pp. 9–28). New Haven, CT: Yale University Press.

Marvasti, J. A. (1994). Please hurt me again: Posttraumatic play therapy with an abused child. In T. Kottman & C. Schaefer (Eds.), *Play therapy in action: A casebook for practitioners* (pp. 485–525). Lanham, MD: Jason Aronson.

Mills, J. (2007). *Butterfly wisdom, four passages to transformation.* Phoenix, AZ: Imaginal Press.

Nader, K., & Pynoos, R. S. (1991). Play and drawing techniques as tools for interviewing traumatized children. In C. E. Schaefer, K. Gitlin, & A. Sandgrun (Eds.), *Play diagnosis and assessment* (pp. 375–389). New York: Wiley.

Perry, B. D. (2001). The neurodevelopmental impact of violence in childhood. In D. Schetky & E. Benedek (Eds.), *Textbook of child and adolescent forensic psychiatry* (pp. 221–238). Washington, DC: American Psychiatric Press.

Perry, B. D., & Dobson, C. L. (2013). The neurosequential nodel of therapeutics. In J. D. Ford & C. A. Courtois (Eds.), *Treating complex traumatic stress disorders in children and adolescents* (pp. 249–260). New York: Guilford Press.

Perry, B. D., & Szalavitz, M. (2006). *The boy who was raised as a dog: And other stories from a child psychiatrist's notebook—What traumatized children can teach us about loss, love, and healing.* New York: Basic Books.

Powell, B., Cooper, G., Hoffman, K., & Marvin, B. (2013). *The circle of security intervention: Enhancing attachment in early parent–child relationships.* New York: Guilford Press.

Pynoos, R. S., & Eth, S. (1985). Introduction: Post-traumatic stress disorders in childhood: A new perspective. In S. Eth & R. S. Pynoos (Eds.), *Post-traumatic stress disorder in children* (pp. xi–xvi). Washington, DC: American Psychiatric Press.

Pynoos, R. S., & Eth, S. (1986). Witness to violence: The child interview. *Journal of the American Academy of Child Psychiatry, 25,* 306–319.

Pynoos, R. S., & Nader, K. (1989). Case study *"Sniper."* In R. Spitzer, M. Gibbon, A. Skodol, J. B. W. Williams, & M. B. First (Eds.), *Case book: DSM-III-R.* Washington, DC: American Psychiatric Press.

Pynoos, R. S., & Nader, K. (1990). Mental health disturbances in children exposed to disaster: Prevention intervention strategies. In S. Goldston, J. Yager, C. M. Heinicke, & R. S. Pynoos (Eds.), *Preventing mental health disturbances in childhood* (pp. 211–234). Washington, DC: American Psychiatric Press.

Pynoos, R. S., & Nader, K. (1993). Issues in the treatment of posttraumatic stress disorder in children and adolescents. In J. Wilson & B. Raphael (Eds.), *International handbook of traumatic stress syndromes* (pp. 535–549). New York: Plenum Press.

Pynoos, R. S., Nader, K., & March, J. (1991). Childhood post-traumatic stress. In J. Weiner (Ed.), *Textbook of child and adolescent psychiatry* (pp. 955–961). Washington, DC: American Psychiatric Press.

Salmon, K., & Bryant, R. A. (2002). Posttraumatic stress disorder in children: The influence of developmental factors. *Clinical Psychology Review, 22,* 163–188.

Sandved, K. B. (1996). *Butterfly alphabet.* New York: Scholastic.

Saylor, C. F., Swenson, C. C., & Powell, P. (1992). Hurricane Hugo blows down the broccoli: Preschoolers post-disaster play and adjustment. *Child Psychiatry and Human Development, 22,* 139–149.

Saunders, B. E., Berliner, L., & Hanson, R. F. (Eds.). (2003, January 15). *Child physical and sexual abuse: Guidelines for treatment.* Charleston, SC: National Crime Victims Research and Treatment Center.

Saywitz, K. J., Mannarino, A. P., Berliner, L. & Cohen, J. A. (2000). Treatment for sexually abused children and adolescents. *American Psychologist, 55*(9), 1040–1049.

Schaefer, C. E. (1994). Play therapy for psychic trauma in children. In K. J. O'Connor & C. E. Schaefer (Eds.), *Handbook of play therapy: Vol 2. Advances and innovations* (pp. 297–318). New York: Wiley.

Schaefer, C. E., & Carey, L. (1994). *Family play therapy.* New York: Jason Aronson.

Schaefer, C. E., & Drewes, A. A. (Eds.). (2010). *School-based play therapy* (2nd ed.). Hoboken, NJ: Wiley.

Schaefer, C. E., & Drewes, A. A. (2013). *The therapeutic powers of play: 20 core agents of change* (2nd ed.). Hoboken, NJ: Wiley .

Shelby, J. (1997). Rubble, disruption, and tears: Helping young survivors of natural disaster. In H. Kaduson, D. M. Cangelosi, & C. E. Schaefer (Eds.), *The playing cure* (pp. 143–169). Northvale, NJ: Jason Aronson.

Shelby, J. (1999, November). *Crisis intervention with children following Hurricane Andrew*. Poster session presented at the annual meeting of the International Society for Traumatic Stress Studies, Miami, FL.

Shelby, J., & Felix, E. D. (2005). Posttraumatic play therapy: The need for an integrated model of directive and nondirective approaches. In L. A. Reddy, T. M. Files-Hall, & C. E. Schaefer (Eds.), *Empirically based play interventions for children* (pp. 79–103). Washington, DC: American Psychological Association.

Siegel, D. J., & Bryson, T. P. (2011). *The whole-brain child: 12 revolutionary strategies to nurture your child's developing mind, survive everyday parenting struggles, and help your family thrive*. New York: Delacorte Press.

Silberg, J. L. (2012). *The child survivor: Healing developmental trauma and dissociation*. New York: Routledge.

Silverman, W. K., & La Greca, A. M. (2002). Children experiencing disasters: Definitions, reactions, and predictors of outcomes. In A. M. La Greca, W. K. Silverman, E. M. Vernberg, & M. C. Roberts (Eds.), *Helping children cope with disasters and terrorism* (pp. 11–33). Washington, DC: American Psychological Association.

Solomon, J. C. (1938). Active play therapy. *American Journal of Orthopsychiatry, 8*, 479–498.

Stover, C. S., & Berkowitz, S. (2005). Assessing violence exposure and trauma symptoms in young children: A critical review of measures, *Journal of Traumatic Stress, 18*(6), 707–717.

Terr, L. (1981). "Forbidden games": Post-traumatic child's play. *American Academy of Child Psychiatry, 20*, 741–760.

Terr, L. (1991). Childhood traumas: An outline and overview. *American Journal of Psychiatry, 148*(1), 10–20.

Terr, L. (1992). *Too scared to cry: Psychic trauma in childhood*. New York: Basic Books.

Thabet, A. A., Karim, K., & Vostanis, P. (2006). Trauma exposure in pre-school children in a war zone. *British Journal of Psychiatry, 188*, 154–158.

Tinnin, L., & Gantt, L. (2013). *The instinctual trauma response: Dual-brain dynamics: A guide for trauma therapy*. Morgantown, WV: Gargoyle Press.

van der Kolk, B. (1989). The compulsion to repeat the trauma. *Psychiatric Clinics of North America, 12*(2), 389–411.

van der Kolk, B. (2005). Developmental trauma disorder: Towards a rational diagnosis for chronically traumatized children. *Psychiatric Annals, 35*(5), 401–408.

van der Kolk, B. (2014). *The body keeps the score: Brain, mind, and body in the healing of trauma.* New York: Viking.

VanFleet, R. (2013). *Filial therapy: Strengthening parent–child relationships through play* (3rd ed.). Sarasota, FL: Professional Resource Press.

Vernberg, E. M. (2002). Intervention approaches following disasters. In A. M. La Greca, W. K. Silverman, E. M. Vernberg, & M. C. Roberts (Eds.), *Helping children cope with disasters and terrorism* (pp. 55–72). Washington, DC: American Psychological Association.

Wilson, R., & Lyons, L. (2013). *Anxious kids, anxious parents: Seven ways to stop the worry cycle and raise courageous and independent children.* Deerfield Beach, FL: Health Communications.

Zero to Three. (2005). *Diagnostic classification of mental health and developmental disorders of infancy and early childhood* (DC:0–3R) (rev. ed.). Washington, DC: Author.

國家圖書館出版品預行編目（CIP）資料

兒童心理創傷後的遊戲治療：實務工作者應該知道的事／
　Eliana Gil 著；陳信昭，陳宏儒，陳碧玲譯.
　-- 初版. -- 新北市：心理, 2020. 08
　　面；　公分. --（心理治療系列；22175）
　　譯自：Posttraumatic play in children: what clinicians need
to know
　　ISBN 978-986-191-919-5（平裝）

1.遊戲治療　2.心理創傷　3.兒童心理學

178.8　　　　　　　　　　　　　　　　　　　109011141

心理治療系列 22175

兒童心理創傷後的遊戲治療：實務工作者應該知道的事

作　　　者：Eliana Gil
策　　　畫：自然就好心理諮商所
總 校 閱：陳信昭
譯　　　者：陳信昭、陳宏儒、陳碧玲
執行編輯：林汝穎
總 編 輯：林敬堯
發 行 人：洪有義
出 版 者：心理出版社股份有限公司
地　　　址：231026 新北市新店區光明街 288 號 7 樓
電　　　話：(02) 29150566
傳　　　真：(02) 29152928
郵撥帳號：19293172 心理出版社股份有限公司
網　　　址：https://www.psy.com.tw
電子信箱：psychoco@ms15.hinet.net
排 版 者：菩薩蠻數位文化有限公司
印 刷 者：辰皓國際出版製作有限公司
初版一刷：2020 年 8 月
初版二刷：2022 年 6 月
I S B N：978-986-191-919-5
定　　　價：新台幣 280 元